suhrkamp nova

AF202707

Priya Basil

IM
WIR
UND
JETZT

FEMINISTIN
WERDEN

Aus dem Englischen von
Beatrice Faßbender

Suhrkamp

Erste Auflage 2021
suhrkamp taschenbuch 5128
Deutsche Erstausgabe © Suhrkamp Verlag Berlin 2021
Umschlagabbildung: Paolo Carnassale/Getty Images
Umschlaggestaltung: Lübbecke, Naumann, Thoben, Köln
Satz: Satz-Offizin Hümmer GmbH, Waldbüttelbrunn
Druck und Bindung: C. H. Beck, Nördlingen
Printed in Germany
ISBN 978-3-518-47128-9

IM WIR UND JETZT

Für euch

FIGHT

Wobei das Sprechen auch eine Form des Handelns ist.

HANNAH ARENDT

Frauen, die sagen: Ich lasse mich nicht zum Schweigen bringen. Frauen, die sagen: Es war mein Stiefvater. Frauen, die sagen: Ich glaube dir. Frauen, die sagen: Es war mein Bruder. Frauen, die sagen: Ich habe nichts gesagt, weil ich mich zu sehr geschämt habe. Frauen, die sagen: Es war mein Chef. Frauen, die sagen: Ich habe niemandem davon erzählt, weil ich glaubte, es sei meine Schuld. Frauen, die sagen: *me too*. Frauen, die sagen: Ich war damals neun, vierzehn, zwanzig, sechsunddreißig, fünfundfünfzig, siebzig. Frauen, die sagen: Ich hatte Angst, dass mir niemand glaubt. Frauen, die sagen: Ich wollte keine Schwierigkeiten machen. Frauen, die sagen: Ich auch. Frauen, die sagen: Ich weigere mich, Opfer zu sein. Frauen, die sagen: Es scheint nie aufzuhören. Frauen, die sagen: Ich bin bei dir.

Das erzähle ich euch, wenn ihr älter seid, sagte meine Großmutter, Mumji, immer zu meiner Schwester und mir, als wir klein waren. Ihre Offenbarung, dieses verlockende, bedrohliche Geheimnis, hing vor uns wie ein Kleid, in das wir hineinwachsen mussten. Was genau sie zu erzählen hatte, ahnte ich nicht, doch ich wusste, es war etwas Schlimmes. Das verriet mir ihr ständiges Jammern darüber, wie schwer sie es im Leben habe, wie ungerecht alles sei. Ich fürchtete mich vor den Details und bedrängte Mumji dennoch. Erzähl es uns *jetzt*, sagte ich. Sie schüttelte den Kopf und presste die Lippen aufeinander, als hielte sie die Worte wider Willen zurück, um uns vor etwas zu schützen, in das sie uns aber allmählich und in aller Stille doch einweihte.

Was ist feministisch? Diese Frage stellt sich mir immer häufiger. Ich trage Definitionen zusammen, lege mir unterschiedliche Interpretationen zurecht, verweile an verschiedenen Schnittstellen. Doch die Frage bleibt: Was ist feministisch? Ich wechsle die Standpunkte, stolpere durch Widersprüche, klammere mich an meine Fiktionen. Was ist feministisch? Ich habe hundert Antworten oder keine einzige, weil ich an einer allein nicht festhalten kann.

In meiner Kindheit in den 1980er Jahren in Kenia habe ich das Wort *feministisch* nie zu hören bekommen, weder zu Hause noch in der Schule. Für die indische Community, also das Milieu, dem meine Familie angehörte und das sie kaum je verließ, war das soziale Geschlecht offenbar etwas streng Binäres, mit fest vorgegebenen Rollen zu beiden Seiten der Trennlinie. Wer nicht der heteronormativen Gussform entsprach, war verdächtig. Die Leute sagten: Sie ist ein schlechter Einfluss. Sie sagten: Mit ihm stimmt was nicht. Sie sagten: Sie ist verrückt. Sie sagten: Haltet euch am besten fern. So flüsterten, tratschten, schimpften die Leute über Frauen, die nicht heirateten oder sich scheiden ließen, die Alkohol tranken oder Liebhaber hatten, die sich selbständig machten oder allein verreisten, die das Verhalten mancher Männer offen kritisierten. Sieht einfach schlecht aus, sagten die Leute. Von Frauen, die sich anpassten und die Ehrbarkeit wahrten, während ihre Ehemänner sie regelmäßig betrogen, ihre Partner oder Verwandte sie verprügelten, seelisch misshandelten oder ausbeuteten oder sie anderweitig behinderten und verletzten – ja manchmal sogar umbrachten –, war wenig die Rede.

Sobald neue Berichte über das Ausmaß geschlechtsspezifischer Gewalt erscheinen, sagen die Schlagzeilen: Die Zahlen in Bezug auf Gewalt gegen Frauen sind »alarmierend hoch«. Sie sagen: Es hat »ein epidemisches Niveau« erreicht. Sie sagen: Es handelt sich um eine »globale Pandemie«. Sie sagen: Es ist katastrophal. Sie sagen: Sieben von zehn Frauen erleben früher oder später körperliche und/oder sexuelle Gewalt. Sie sagen: Weltweit stellen Vergewaltigung und häusliche Gewalt für Frauen zwischen fünfzehn und vierundvierzig Jahren eine größere Bedrohung dar als Krebs, Autounfälle, Krieg und Malaria zusammen.

Diese Worte, diese Zahlen gelten für beinahe jede Gesellschaft, doch glauben viele noch immer gern, dass nur andere Menschen, andere Kulturen sexistisch sind – oder sexistisch*er*, als würde das schlechtere Verhalten eines anderen Menschen das eigene schlechte Verhalten besser machen. Die Worte, die Zahlen gelten überall, doch in keiner einzigen Gesellschaft haben sie zu einer aufrichtigen, ernsthaften, alle Ebenen durchdringenden Auseinandersetzung mit Gewalt gegen Frauen geführt. Einer Gewalt, die an sich schon furchtbar ist, auf die aber häufig noch die lähmende Scham folgt, so behandelt worden zu sein, und in der Folge auch die Angst, darüber zu sprechen.

Ich weiß nicht mehr, wie alt ich war, als Mumji offener davon zu erzählen begann, was sie durchgemacht hatte. Das mag daran liegen, dass ich es auf gewisse Weise schon immer gewusst hatte, dass die Einzelheiten nichts an jenem Urwissen änderten, das vielleicht schon von Geburt an in mir steckte, mich seit jeher mit vager Sorge erfüllt hatte.

Als die Corona-Pandemie weltweit Länder in den Lockdown und damit viele Menschen in die Isolation jener kleinen, ehrfürchtig »Familie« genannten Einheit zwang, sprachen die Vereinten Nationen sowie andere nationale und internationale Institutionen, die Gewalt gegen Frauen untersuchen, von einer »doppelten« oder einer »Schattenpandemie«. Sie sagten: Bei einem durchschnittlich dreimonatigen Lockdown kann man in allen 193 UNO-Mitgliedsstaaten von einem 20-prozentigen Anstieg der häuslichen Gewalt ausgehen.

Wenn Frauen »Vertrauen in das Rechtssystem und Männer wirklich Angst vor der Schande und den Folgen ihres Fehlverhaltens hätten«, sagt die britische Anwältin Helena Kennedy, »dann würden wir keinen Rückgriff auf anonym vorgebrachte Anschuldigungen erleben«. Eine Bewegung wie #MeToo sieht sie als »eine Form von zivilem Ungehorsam«, eine »Antwort auf das Versagen des Gesetzes«.

Urwissen: ererbt, erahnt, dann neu erlernt, immer wieder aufs Neue bestätigt, selbst in scheinbar gänzlich harmlosen Szenen – durch den Abstand, den Körper wahrten, den Tonfall einer Stimme, durch Blicke, die gewechselt oder gemieden wurden, Mienen, die verrieten, was Zungen nicht zu sagen wagten.

Empowerment durch Empathie – das wollte die Bürgerrechtlerin Tarana Burke für die Opfer sexueller Gewalt erreichen, als sie 2006 die MeToo-Kampagne ins Leben rief. Elf Jahre später machte die Schauspielerin Alyssa Milano daraus einen Hashtag und twitterte ihn in der Hoffnung, die Reaktionen von Frauen würden »den Leuten ein Gefühl für die Tragweite des Problems vermitteln«. Der Hashtag machte Furore: Innerhalb eines Jahres wurde er allein auf Twitter über 19 Millionen Mal verwendet. In den USA wurden innerhalb eines Jahres mindestens 414 prominente Führungskräfte und Angestellte aus verschiedenen Branchen von der #MeToo-Bewegung angeprangert: 190 von ihnen wurden entlassen oder kündigten. Man ist versucht zu glauben, die Leute würden nun endlich das Ausmaß der Problematik begreifen, doch dann bekommt man mit, wie immer noch so viele reagieren, wenn eine Frau sagt, sie sei misshandelt worden. In Russland oder Indonesien, Frankreich oder Kenia sagen sie: Warum warst du dort? Sie sagen: Was hattest du an? Sie sagen: Warum hast du dich nicht gewehrt oder bist nicht einfach gegangen?

Warum gehen die Frauen nicht einfach? Es gibt vieles – Abhängigkeit, Angst, Scham, Traumatisierung, Hoffnung auf Veränderung, berechtigte Zweifel an der Hilfsfähigkeit und -bereitschaft der Strafverfolgungsbehörden –, was sie physisch zurückhalten mag. Allerdings suchen Frauen oft andere Auswege, ziehen sich nach innen oder in die Sucht zurück, igeln sich ein, entwerfen sich neue, erträglichere Wirklichkeiten: Abgänge, mit denen eine echte Flucht womöglich in immer weitere Ferne rückt.

Auch Frauen, die ihre Peiniger nicht verlassen, hinterlassen – absichtlich, unbewusst – Anzeichen dafür, was ihnen widerfahren ist oder gerade widerfährt. Zeichen, die Familie, Freund*innen, Kolleg*innen, Nachbar*innen und in vielen Ländern selbst die Polizei oft nur ungern wahrnehmen und auf die sie noch viel widerwilliger reagieren.

In einer EU-weiten Umfrage heißt es: Frauen erfinden oder übertreiben Missbrauchs- oder Vergewaltigungsvorwürfe oftmals – stimmen Sie zu, oder stimmen Sie nicht zu? In der Umfrage heißt es nicht: Männer bestreiten oder leugnen Missbrauchs- oder Vergewaltigungsvorwürfe oftmals – stimmen Sie zu, oder stimmen Sie nicht zu? Welche Fragen gestellt werden, wie Fragen gestellt werden, ist wichtig – stimmen Sie zu, oder stimmen Sie nicht zu?

Wie kommt es, dass wir nicht sagen: Warum machen so viele Männer weiter? Warum verletzen so viele Männer weiterhin Frauen?

22 Prozent der Befragten – also mehr als jede*r Fünfte in der EU – stimmen der Aussage zu, dass Frauen Missbrauchs- oder Vergewaltigungsvorwürfe oftmals erfinden. Dies ist nur *ein* indirekter Ausdruck dessen, was die Philosophin Kate Manne als *Himpathy* bezeichnet: »die unangebrachte und unverhältnismäßige Sympathie, die mächtige Männer [aber nicht nur solche] in Fällen von sexueller Gewalt, Gewalt in der Partnerschaft, Mord und anderem frauenfeindlichen Verhalten häufig genießen«.

Mumjis Zurückhaltung ließ im Laufe der Jahre nach und gab sich schließlich ganz. Als ich älter wurde, sollte ich offenbar nicht mehr geschont werden. Irgendwann dachte ich: Erzähl es mir nicht. Und dann, lange Zeit später – nachdem ich ihre Geschichte einmal, zweimal, zigmal gehört hatte –, sagte ich: Erzähl es mir nicht. Und dann, noch später – heute –, wollte ich versuchen, herauszufinden, was eigentlich erzählt wurde und was nicht, zu welchem Zweck, zu wessen Gunsten. Aus der Distanz sehe ich, dass in Mumjis Geschichten, obwohl ich sie so oft gehört habe, trotz der Namen, die sie in mein Gedächtnis eingebrannt haben, eine Unschärfe bleibt; vieles von dem, was ich verstand, entstammte gewundenen Äußerungen und Andeutungen, als wäre es für sie zu heikel, zu riskant, das Geschehene offen zu benennen. Mit Mitte zwanzig erfuhr ich etwas, das sie mir nie erzählt hatte, etwas, das alles andere schärfer konturierte – und es doch wieder verschleierte: Als junger Teenager hatte Mumji eine kurze Affäre, wurde schwanger und bekam eine Tochter, die in der Familie blieb – aber Mumji erkannte dieses Kind nie öffentlich als ihr eigenes an. Warum nicht? War sie noch immer in den alten Sitten gefangen, hatte sie Angst, alles andere könnte dadurch in den Schmutz gezogen werden? Mit der Zeit sollte ich merken, dass meine Familie in Sachen sexueller Freiheit, Lust und Vergnügen ebenso wortkarg war wie bei sexuellem Missbrauch. Mein junges Ich aber – das diese extravagante Frau liebte, die andere nicht zu Wort kommen ließ und überall im Mittelpunkt stand, die damals der mutigste Mensch war, den ich kannte – war schockiert und geschmeichelt, verwirrt und verführt von Mumjis Vertraulichkeiten. Ich wusste nicht, wie ich mit all dem, was sie mir erzählte, umgehen sollte, wie es meine Beziehung zu ihr beeinflusste, zu mir selbst, zu meiner Mutter, zu anderen Frauen, zu Männern – jenen in meiner Umgebung und jenen, die ich erst noch kennenlernen würde.

»Ich würde dich nicht vergewaltigen, weil du es nicht verdienst«, sagt ein Mann, der Präsident von Brasilien ist. »Es ist eine sehr beängstigende Zeit für junge Männer in Amerika, wenn man Schuld an etwas haben kann, an dem man vielleicht nicht Schuld hat. Man muss leugnen, leugnen, leugnen und diese Frauen zurückdrängen«, sagt der 45. Präsident der Vereinigten Staaten. Von diesen Typen ermutigt, sagen andere Männer: Wäre es wirklich passiert, hätte sich die Frau sofort an die Polizei gewandt. Männer, die sagen: Sie machte nicht den Eindruck, es nicht zu wollen. Männer, die nach der

Untersuchung eines Vergewaltigungsopfers eine detaillierte Auflistung der Verletzungen sehen und sagen: Tja, also, das könnte auch von hartem Sex stammen.

Kein Wunder, dass sich manche Frauen #MeToo ansehen und sagen: Wie viele Überlebende müssen noch von ihrem Trauma erzählen, bevor sexuelle Gewalt ernst genommen wird? Frauen, die sagen: Begreift ihr nicht, dass ein ganzes Leben womöglich nicht ausreicht, um darüber hinwegzukommen? Frauen, die sagen: Wie lange noch müssen wir diesen Kampf führen? Frauen, die sagen: Kann sich wirklich etwas ändern?

Es gibt so viele verschiedene Kämpfe, so viele Arten zu kämpfen.

Mumji war laut. Ihre Tochter, meine Mutter, war still. Mumji war eine Diva, meine Mutter immer *comme il faut*. Mumji beschwor die Vergangenheit herauf und sagte: Es war die Hölle auf Erden, niemand hatte mehr zu ertragen als ich. Meine Mutter sprach widerwillig von ihrer Vergangenheit und sagte: So schlimm war es nicht. Mumji fand kein Ende, meine Mutter nur zaghaft einen Anfang. Mumji lachte – und weinte eine Minute später, oder umgekehrt. Meine Mutter nahm sich zusammen oder zog sich zurück. Mumji war schludrig, meine Mutter perfektionistisch. Mumji blieb verheiratet, meine Mutter ließ sich scheiden. Mumjis Liebe war gebieterisch, fordernd, verzerrend. Die Liebe meiner Mutter war (zu?) großzügig, nachsichtig, bewahrend.

Zwischen diesen beiden Polen bewegte ich mich und nahm die Spannung, ja sogar abstoßende Kräfte zwischen ihnen wahr. Ich sah, wie ein Mensch in der Gegenwart eines anderen eingehen oder wachsen konnte. Ihre Kämpfe waren immer neu und immer gleich. Mumji redete in einem fort. Meine Mutter gab nichts preis – niemandem, auch nicht mir oder meiner Schwester gegenüber, obwohl jahrelang klar war, dass etwas nicht stimmte. Als sie zu erzählen begann, war ich fast zwanzig – alt, glaubte ich, für alles gerüstet –, doch je länger sie redete, desto weniger bereit fühlte ich mich. Plötzlich war ich nicht alt genug. Ich wollte, dass sie aufhört, es war zu schwer zu ertragen. All die Verwirrungen und Verwicklungen, die bei Mumjis Erzählungen vage im Raum geschwebt hatten und die ich beiseiteschieben konnte, vergrößerten und vervielfachten sich schlagartig und waren unmöglich zu ignorieren. Wie sollte ich mich verhalten – ihr gegenüber, mir selbst gegenüber, Mumji, anderen Frauen, Männern gegenüber? Ich wusste nicht, dass mich diese Frage begleiten würde, dass Teile davon in verschiedenen Phasen meines Lebens auflodern und ein beständiges Verschieben und Verhandeln erfordern würden.

»Ich frage mich, wie ich nicht das Gefühl haben soll, zu verlieren«, sagt der Autor Thomas Page McBee in seinem Memoire zu seinem Trainer. In *Amateur* erzählt er davon, wie er es als erster Transmann bis zu einem Boxkampf im Madison Square Garden in New York schaffte. McBee will wissen, wie man angesichts einer zu erwartenden Niederlage – egal, wie hart man kämpft – an die Möglichkeit eines anderen Ausgangs glauben kann.

Das ist auch mein Dilemma: Ich weiß nicht, wie ich nicht das Gefühl haben soll zu verlieren, wenn überall auf der Welt Rassisten und Frauenhasser, Faschisten und religiöse Fanatiker gegen unsere Rechte ankämpfen und diesen Kampf scheinbar gewinnen. Alles, was McBees Trainer sagen konnte, war: »So ist das beim Boxen, für jeden. Du weißt nie, wie es ausgeht.« Das, so deutet er damit an, ist das Wesen des Kampfes – er kann sich jederzeit in jede Richtung entwickeln. In einem Boxkampf mit einer festgelegten Anzahl von Runden mag dieser Gedanke hilfreich sein, doch bei meinen Überlegungen, wie ich im endlosen feministischen Kampf nicht den Kopf einziehen und davonlaufen, sondern immer weiter Schläge einstecken soll, beflügelt er mich nur wenig. In diesem Kampf, dessen Auswirkungen über Generationen nachhallen. Der in letzter Zeit noch dreckiger geworden ist, da wir es mit Gegnern zu tun haben, die dreist nur nach ihren eigenen Regeln spielen. Mit Männern, die sich für ihre Taktik – nie zuhören, nie nachgeben, nie Schwäche zeigen, nie entschuldigen, immer weiter lügen, immer angreifen – von Menschenmengen, Männern wie Frauen, zujubeln lassen.

Die Schriftstellerin Jacqueline Rose sagt: »Nicht alle Männer sind eine den Frauen entgegengesetzte Kategorie, denn nicht alle Männer sind Männer. Das heißt, nicht alle Männer verkörpern die Art von Männlichkeit, die Männer sich angeblich zu eigen machen sollen.«

Was macht einen Mann aus?

Er hat immer Recht, würde Mumji sagen. *Er* stand für alle Männer. Sie redete so, als wären sie alle völlig gleich. Ich begriff, dass sie mit Männlichkeit ein bestimmtes Anrecht verband, ein vermeintliches Recht darauf, Recht zu haben. Ohne dass sie mir bereits etwas »erzählt« hätte, wurde mir klar, dass sie mit ihrem gemurmelten *er hat immer Recht* stets das Gegenteil meinte. Sie meinte: Er hat keine Ahnung, ist aber völlig von sich überzeugt. Ihre Verachtung begeisterte das fügsame junge Mädchen, dem eingebläut worden war, sich Autoritäten – in unserem Umfeld damals ein fast ausschließlich männliches Privileg – widerspruchslos zu beugen. Mumji säte in mir die ersten kostbaren Zweifel, dass die vermeintlichen Autoritäten nicht unbedingt beim Wort zu nehmen waren. Ich bin mir nicht sicher, ob sie je damit gerechnet hatte, einmal selbst dazuzuzählen. Er hat immer Recht. Wie sehr hasste Mumji die unbeirrt selbstsichere Pose der Mächtigeren – und doch machte sie sich diese Pose zu eigen. Vielleicht entsprach sie ihrem Temperament. Vielleicht dachte sie, Gleiches lasse sich nur mit Gleichem bekämpfen. Vielleicht konnte sie sich keine andere praktikable Form von Widerstand vorstellen.

»Du hast Glück«, sagte eine Wahrsagerin, als ich siebzehn war, »du wirst einem freundlichen Mann begegnen, und seine Freundlichkeit wird dein Leben entscheidend beeinflussen.« Freundlich?, dachte ich ernüchtert – auch wenn ich längst beschlossen hatte, Vorhersagen dieser Art keinen Glauben zu schenken. Auf eine Liste mit den Eigenschaften des idealen Mannes hätte es *Freundlichkeit* bei mir sicher nicht geschafft. Damals war Freundlichkeit für mich eine Tugend allein von Großmüttern, Heiligen und Krankenschwestern.

Was macht einen *echten* Mann aus? Kampfbereitschaft, der Widerwille, Zweifel zu bekennen, der Drang zu gewinnen, die Fähigkeit, andere zu überwältigen, gehören offenbar immer noch zu unserem Verständnis von Männlichkeit. Thomas Page McBee war bestürzt, als er erkannte, dass er nach seiner Transformation zum Mann diesem Modell selbst nacheiferte. Früher, in seinem Frauenkörper, hatte er dieses hypermännliche Modell verabscheut. Warum diese Veränderung? Waren es die Hormone? Nein. Das legendäre Testosteron, auf das die ganze männliche Aggression angeblich zurückzuführen ist, ist nichts ohne das Steroid sexistischen Denkens, ohne den Protein-Shot performter Männlichkeit. McBee ist getrieben davon, was Männer von ihm denken, was Frauen von ihm erwarten und vor allem von seinen eigenen übernommenen, geschlechtsspezifischen Vorstellungen. Der Geist erschafft den Körper, sagt Sojourner Truth. Als Mann überrascht McBee »der Effekt meiner Stimme, andere in einem Meeting zum Schweigen zu bringen; die ungerechtfertigte Annahme meiner Kompetenz, meiner Macht, meines Potenzials«. Zu seinem Leidwesen fällt ihm auch auf, dass Frauen nachts vor ihm die Straßenseite wechseln. Die implizite Verbindung seines Körpers mit potenzieller Gewalt beunruhigt ihn. Gleichzeitig gefällt es ihm, sich gegen die selbstbewusste Präsenz anderer Männer behaupten zu können, obwohl ihm manche Männer noch immer Angst einjagen. McBee kämpft, verliert und gibt das Boxen auf. Im Laufe dieses Prozesses lernt er allmählich, wie er in seinem Körper eines weißen Mannes sein und diesen Körper, mit all seinen Privilegien und der neu entdeckten Macht, umsichtiger und rücksichtsvoller durchs Leben steuern kann. Nach den Enthüllungen um Harvey Weinstein gesteht eine Kollegin McBee gegenüber, »dass sie schon seit Jahren männliche Kollegen abwehren müsse und dass sie tatsächlich gedacht habe, das wäre normal, auch wenn sie wusste, dass dem nicht so war. Sie sagte, sie habe sich noch nicht mal selbst geglaubt.« »Ich glaube dir«, sagt er sofort.

Wie viele andere Männer auch. Männer, deren unmittelbare Reaktion auf #MeToo lautete: #HowIWillChange. Männer, die sagen: Es ist nicht leicht, die Stimme zu erheben, bitte hört also zu, nehmt es wahr & nehmt es an. Männer, die sagen: Ich weiß nicht, ob es hilft, wenn es von einem schwulen Mann kommt, aber #MeToo. Männer, die ihr historisches Privileg erkennen und beschließen, dass es an der Zeit ist zu teilen.

Viele Männer sind unsicher, verunsichert. Männer, die sagen: Wir werden außen vor gelassen, Frauen machen alles untereinander aus. Männer, die sagen: Ich habe das Gefühl, dass es zwischen einem harmlosen Annäherungsversuch und Belästigung keine Grenze mehr gibt, also bleibt man lieber auf Distanz. Männer, die sagen: Man kann nicht beides haben – Gleichberechtigung wollen und dann öffentliche Podiumsdiskussionen/Talkshows/Events kuratieren oder Organisationen gründen, in denen ausschließlich oder hauptsächlich Frauen vertreten sind (auch dann nicht, bleibt zu fragen, wenn es um frauenspezifische Themen geht?).

Viele Männer täuschen ihre Sympathie schäbig vor. Männer, die sagen: Für uns ist es genauso schlimm, ich kann nicht fassen, dass ihr glaubt, Männer litten nicht darunter, in einer Welt zu leben, in der es Vergewaltigungen gibt. Männer, die *Ladies first* sagen und die Tür aufhalten, Frauen den Zugang zu den wahren Räumen der Macht aber fest versperren. Männer, die ihre Gesprächspartnerin bei einer Podiumsdiskussion anlächeln, fünfzehn Minuten lang un-

unterbrochen reden und zwischendrin sagen: Ich will nicht zu lang sprechen, fasse daher kurz zusammen; die sagen: Ihre Meinung interessiert mich sehr – lassen Sie mich aber noch etwas hinzufügen. Männer, die sagen: *Auch ich bin Feminist* und öffentlich entsprechend auftreten – indem sie mehr Frauen einstellen, Projekte zu Frauenfragen finanzieren, sich als #HeForShe geben –, während sie privat weiterhin sexistische Witze machen, Frauen nachstellen und sie in erster Linie als Objekte der Selbstverherrlichung und sexuellen Befriedigung behandeln.

Viele Männer sind verbittert. Männer, die bei Dinnerpartys auf die gute alte Zeit anstoßen. Männer, die sagen: Die Frauen spielen ständig die Opferrolle, dabei sind die Männer die wahren Opfer. Männer, die sagen: Ein Klaps auf den Hintern hat noch niemanden weh getan. Aus Sicht dieser Männer stellt #MeToo offenbar eine Bedrohung für die sexuelle Toleranz dar.

Darum ging es am Ende auch für manche Frauen – Frauen, die sich seit jeher als Feministinnen begreifen. Frauen wie die französische Schauspielerin Catherine Deneuve und ihre neunundneunzig Mitunterzeichnerinnen, die einen offenen Brief schrieben, um zu sagen: Die #MeToo-Bewegung, die »keineswegs zur Selbstermächtigung der Frauen beiträgt, dient in Wirklichkeit den Feinden der sexuellen Freiheit«. Diese Frauen sagen: »Vergewaltigung ist ein Verbrechen. Doch ein beharrlicher oder unbeholfener Flirt ist keine Straftat, Galanterie keine chauvinistische Aggression.«
Womit wir wieder bei der heiklen Frage nach der Grenze zwischen einem harmlosen Annäherungsversuch und Belästigung wären. Diese Linie, die anscheinend so schwer zu definieren und dabei eigentlich ganz klar ist: Jeder unerwünschte Annäherungsversuch ist eine Belästigung. Ein Annäherungsversuch, der weitergeht, nachdem klargestellt wurde, dass er unerwünscht ist, ist Missbrauch. Dass die eine Frau in der Lage ist, solche Annäherungsversuche unmissverständlich abzuwehren, elegant zu handhaben oder in Maßen

sogar zu würdigen weiß, kann nicht stellvertretend für die Unfähigkeit einer anderen Frau stehen, ebenso zu reagieren.

Mumji und meine Mutter zeigten zwei gegensätzliche Modelle, wie in ein und derselben Familie mit Missbrauch umgegangen werden kann. Obwohl sie eine Generation auseinanderliegen, sie vom Charakter und Temperament her völlig unterschiedlich sind und ihnen jeweils andere Bildungs- und Arbeitsmöglichkeiten offenstanden, wurden sie dennoch ganz ähnlich von den Erwartungen ihres Umfelds geprägt. Wie in anderen indischen Sikh-Communities auf der ganzen Welt galten auch in ihrer Gemeinschaft Jungen mehr als Mädchen, galt Keuschheit (oder zumindest angebliche oder gespielte Keuschheit) mehr als andere Formen von Unbescholtenheit, Ehe mehr als Singledasein oder informelle Partnerschaften, Treue (zu althergebrachten Formen, etablierten Hierarchien) mehr als Ehrlichkeit. Auf je eigene Weise litten beide Frauen unter diesem schiefen Wertesystem, auch wenn sie bemüht waren, es aufrechtzuerhalten und mitunter auch durchzusetzen. Was ihnen nicht wirklich, nicht durchgängig gelang, war Zusammenhalt, um sich gegenseitig vor dem System zu schützen oder ihm Widerstand zu leisten. Auf diesem spannungsgeladenen Terrain zwischen diesen beiden Figuren, Großmutter und Mutter, spürte ich zum ersten Mal die Anziehungskraft zwischen Gesagtem und Ungesagtem. Sie war auf beiden Seiten stark. Eher verwirrt als freiwillig taumelte ich zwischen den beiden Polen hin und her und wusste nicht, ob ich dem Schweigen oder dem Sprechen größeres Vertrauen schenken sollte. Ihre Erfahrungen allein konnten mir keine Orientierung bieten, und meine eigenen hatten nicht genug Gewicht, um mich auf die eine oder die andere Seite zu bringen. Doch allmählich zog mich das Potenzial einer weiteren Kraft magnetisch an, die ich bei anderen Frauen, nah und fern, im Leben und in der Kunst, entdeckte: die Fähigkeit, unverblümt zu sprechen – im eigenen Interesse, aber auch zugunsten von und mit anderen. Diese Frauen waren offenbar Feministinnen. Konnte auch ich eine sein? Wie?

Jede Frau ist das Produkt einer bestimmten Konstellation von *race*, Alter, Klasse und Wohnort, von Persönlichkeit, Geschichte, äußerer Erscheinung und körperlichen Fähigkeiten, von Religion, Bildung, Beruf und innerem Antrieb – daher ist jede Frau unterschiedlich imstande, ihrer Unterdrückung zu widerstehen oder sie zu akzeptieren.

Immer mehr Menschen erkennen dies inzwischen, doch viele bleiben ambivalent. Sie sagen: Was ist mit Flirten? Worauf sich nur sagen lässt: Warum fragt ihr das ständig? Was hättet ihr gern bekräftigt oder bestritten oder gerechtfertigt?

Ein Flirt ist ein gegenseitig gemachtes Kompliment in beiderseitigem Einverständnis, oft ohne den geringsten Körperkontakt. Manchmal weitet sich das Kompliment in gemeinsamer Zustimmung auf weitere Intimität aus. Flirten spricht unser tiefsitzendes Urbedürfnis an, andere wertzuschätzen und wertgeschätzt zu werden. Es ist eine Begegnung, die in und zwischen den Beteiligten etwas Menschliches beteuert. Für viele in festen, liebevollen Beziehungen ist ein Flirt harmlose Untreue: der wohlige Schauer eines Blicks, eines Lächelns, eines Gesprächs, aufgeladen vom Funken einer Anziehung, bei dem es, so die unausgesprochene beidseitige Übereinkunft, bleiben wird.

Sozialwissenschaftliche Studien der Universität Houston aus den Jahren 2018 und 2019 zeigen, dass sowohl Männer als auch Frauen sehr genau wissen, was unter sexueller Belästigung zu verstehen ist. Im Arbeitszusammenhang aber führt dieses Wissen interessanterweise oft zu einer abstrafenden Distanzierung. Es gibt immer mehr Männer, die sagen: Mit einer Frau kann ich nicht allein in einer Besprechung sitzen. Männer, die sagen: Für Jobs, die enge Zusammenarbeit erfordern, gemeinsame Reisen etwa, würde ich eher keine Frau einstellen. Männer und Frauen, die sagen: Eine attraktive Frau würde ich eher nicht einstellen. Was bedeuten solche Reaktionen? Dass manche Männer (27 Prozent der Befragten) sich selbst nicht trauen? Dass sie den Frauen nicht trauen? Dass sie derart entrüstet darüber sind, ihr Verhalten Kolleginnen gegenüber prüfen zu müssen, dass sie lieber sämtliche Frauen aus ihrem Dunstkreis entfernen? Und glauben die Frauen (mindestens 10 Prozent der Befragten), dass es weniger Belästigungen gäbe, wenn Frauen weniger attraktiv wären?

Bis zu einem gewissen Grad mögen Generationenunterschiede die Reaktionen der selbsterklärten Feministinnen auf #MeToo erklären. Doch auch das Wesen des Feminismus selbst ist eine Überlegung wert. Ideologien und Bewegungen entwickeln sich, wobei ihre Parameter durch die Zeit, den Ort und die sie verkörpernden Menschen immer wieder neu definiert werden. In unserem Zeitalter des Hochkapitalismus ist der Feminismus zu etwas geworden, in das wir uns einkaufen können, zu einem Katalog, aus dem wir uns je nach Situation pseudopolitisch etwas Passendes auswählen können. Es gibt die weit verbreitete Ansicht, überhaupt die »Wahl« zu haben, sei wahre Freiheit, und sich aussuchen zu können, was einem gefällt, sei feministisch. Somit wird die Auswahl zu einer Form von Konsumdenken, in der die Einsicht fehlt, dass echte Emanzipation im Was und Wie der Wahl liegt. Bei wirklich feministischen Entscheidungen geht es ganz grundsätzlich um Gerechtigkeit, es sind Entscheidungen, die eine Verbesserung für alle nach sich ziehen können, nicht nur für sich selbst. Ohne diese Erkenntnis ist Feminismus ein glitzerndes, doch letztlich inhaltsleeres Etikett, als streife man Boxhandschuhe über, ohne in den Ring steigen zu wollen.

Was mir an #MeToo zunächst besonders auffiel, war die spontane, mitreißende, (wenigstens zu Beginn) unhinterfragte Solidarität zwischen so vielen Frauen. Sie war umso bemerkenswerter, als sie das Gegenteil jener Solidarität darstellte, die ich aus meiner Familie kannte. Dort waren Allianzen mit Verrat verbunden. Mumji sagte:

Sagst du es ihr? Und meinte meine Mutter. Die sagte: Sagst du es ihr? Und meinte Mumji. Jede von ihnen hielt den eigenen Schmerz empor und wollte, dass die andere ihn wahrnimmt und respektiert. Meine Mutter wollte Mumji sagen hören: Es tut mir so leid für dich. Mumji wollte alle sagen hören: Was immer du erlitten haben magst, du hast niemandem je unrecht getan. Eine Zeit lang bewegte ich mich pflichtbewusst zwischen ihnen, weil ich dachte, Loyalität bestehe darin, beiden gleichermaßen Beachtung zu schenken. Sich auf eine Seite zu schlagen, bedeutete, die andere zu enttäuschen. Aber gab es denn nur zwei Seiten? Und standen sie nicht eigentlich auf der gleichen Seite, auch wenn sie miteinander haderten? War es außerdem manchmal nicht durchaus gerechtfertigt, Partei zu ergreifen? #MeToo ließ das vermuten, und ich fragte mich, ob zwischen Fremden vielleicht eine Art von Solidarität möglich war, die stärker war als alles, was zwischen vertrauten Menschen entstehen konnte. Ich beschloss, mich auf die Seite meiner Mutter zu schlagen. Und Mumji? Sie ließ sich ohnehin nicht ins Abseits drängen.

Manche sagen: Mit dem Kapitalismus in seiner gegenwärtigen neoliberalen Form ist Feminismus grundsätzlich unvereinbar. Sie sagen: Dieses System, das im Interesse freier Märkte und freien Handels Privatisierung, Austerität und Deregulierung jeder Form von Fürsorge vorzieht, nützt Wenigen viel und Vielen ein wenig, doch hat es die Mehrheit nicht von den zahlreichen, festverwurzelten Ungleichheiten befreit, die unsere Gesellschaften spalten, und wird es auch künftig nicht tun.

In ihrem Buch *Feminismus für die 99 %: Ein Manifest* sagen Cinzia Arruza, Tithi Bhattacharya und Nancy Fraser, »dass kapitalistische Gesellschaften ihrem Wesen nach auch ein Springquell der Geschlechterunterdrückung sind. Weit davon entfernt, zufälliges Beiwerk zu sein, ist der Sexismus vielmehr der Struktur kapitalistischer Gesellschaften eingeschrieben.« Sie sagen: »Der Kapitalismus ist aus rassistischer und kolonialer Gewalt hervorgegangen« und gedieh dank der Erfindung von Hierarchien, mit denen sich die Ausbeutung rechtfertigen ließ. Sie sagen: »Sein entscheidender Schachzug war es, das Menschenmachen vom Plusmachen zu trennen, um dann Ersteres den Frauen zu- und Letzterem unterzuordnen.« Diese erste Arbeit – Menschen zu gebären, aufzuziehen, zu ernähren – bleibt weiterhin meist unbezahlt und unterbewertet, obwohl davon alles andere abhängt. Und nun, sagen die Autorinnen des Manifests, erschöpfe »die gegenwärtige neoliberale Form des Kapitalismus systematisch unsere kollektiven und individuellen Kapazitäten für die Regenerierung von Menschen und den Erhalt gesellschaftlicher Bande«.

Variationen einer Sparpolitik, die nach der Finanzkrise von 2008 von Regierungen weltweit über Jahre verfolgt wurden, haben Frauen unverhältnismäßig stark getroffen und ihnen die Hauptlast der Kürzungen bei den Sozialleistungen aufgebürdet, sei es beim Mutterschaftsgeld, den Renten oder der Finanzierung von Frauenhäusern. Zudem wurden in ganz Europa – von Rumänien bis Spanien, von Belgien bis Griechenland, von der Tschechischen Republik bis zur Türkei – nach und nach Gleichstellungsbehörden oder -ministerien abgeschafft, durch drastische Haushaltskürzungen in ihrer Funktion behindert oder fielen »Umstrukturierungen« zum Opfer, welche die Benachteiligung von Frauen nicht mehr in den Mittelpunkt stellten. Einschnitte dieser Art führten dazu, dass Frauen den sozialen und finanziellen Auswirkungen der Corona-Pandemie umso hilfloser ausgesetzt waren, was die Ungleichheit zwischen den Geschlechtern weiter verschärfte.

Philip Alston, der UN-Sonderberichterstatter für extreme Armut und Menschenrechte, veröffentlichte im November 2018 eine Erklärung, aus der hervorgeht, dass in Großbritannien, der fünftgrößten Volkswirtschaft der Welt, 14 Millionen Menschen, also ein Fünftel der Bevölkerung, in Armut leben und 1,5 Millionen Menschen mittellos sind. Er sagt, mit ihrer Sparpolitik habe die britische Tory-Regierung der Bevölkerung »großes Elend« beschert. Dahinter habe keine wirtschaftliche Notwendigkeit gestanden, sagt er, sondern der politische Wunsch, die Gesellschaft umzubauen. Er sagt: Die Änderungen bei Steuern und Sozialleistungen sind vor allem zu Lasten derjenigen gegangen, die sie am wenigsten schultern können – Arme, Frauen, ethnische Minderheiten, Kinder, Alleinerziehende, Asylbewerber*innen und Menschen mit Behinderungen. Er sagt: Würde man eine Gruppe von Frauenfeinden in einen Raum stecken und sie fragen, was wir bräuchten, damit dieses System zugunsten von Männern, nicht aber von Frauen funktioniert, dann wären nur wenige nicht bereits umgesetzte Ideen für sie übrig. Das ist nicht wahr, sagt die britische Regierung trotz all der Beweise, mit denen die UNO-Erklärung untermauert wird.

Aus Sicht mancher Menschen ist es ja auch tatsächlich nicht wahr. Es gibt Männer und ein paar Frauen, denen es unter dem Status quo bestens geht. Aber bestätigt dies nicht einfach die Logik des Kapitalismus, der den individuellen Aufstieg fördert und jede Erfolgsgeschichte feiert, als kündete sie vom kollektiven Fortschritt? Sodass wir, wenn wir in Unternehmen oder Staaten ein paar mehr Frauen in leitenden Positionen sehen, wenn es ein paar mehr Frauen auf ihrem jeweiligen Gebiet unter die Spitzenverdiener schaffen, glauben sollen, dass sich die Lage für alle Frauen verbessert hat.

Was es heißt, als Frau erfolgreich durch eine für Männer geschaffene Welt zu manövrieren, soll damit nicht unterschätzt werden. »Das Bild vom Mann als Prototyp des Menschen ist grundlegend für die Struktur unserer Gesellschaft«, sagt Caroline Criado Perez in ihrem Buch *Unsichtbare Frauen*. Auf vierhundert Seiten katalogisiert sie die massive geschlechterbezogene Datenlücke, die entstanden ist, weil Männer Entscheidungen größtenteils auf Grundlage ihres eigenen Handelns, Sehens und Fühlens getroffen haben – als wären sie der einzige gültige Bezugspunkt auf der Welt. Sie führt unzählige Beispiele dafür an, wie »die – sofern nicht [oder oft auch obwohl] explizit anders markierte – rein männliche Herangehensweise« unsere gemeinsame Umwelt geprägt hat.

Auf den Straßen der Städte, die überwiegend von Männern für die Bedürfnisse von Männern geplant werden, haben Autos Vorrang – da vor allem Männer, weil sie meist reicher sind, ihren Arbeitsweg mit dem Auto und ohne Umwege zurücklegen. Die Bedürfnisse von Frauen, die sich ganz anders und zwischen mehreren Pflichten bewegen, werden weit weniger berücksichtigt, was ihre Fahrten zeitaufwendiger und teurer, mitunter sogar gefährlicher macht. Büroheizungen sind auf eine männlich-verzerrte Idealtemperatur eingestellt, bei der die meisten Frauen frösteln. Autohersteller orientieren sich in erster Linie an Crashtest-Dummys, die auf den Proportionen eines »Durchschnittsmanns« basieren; daher besteht für Frauen im Vergleich zu Männern ein 47 Prozent höheres Risiko, bei Autounfällen schwere Verletzungen davonzutragen – bei leichteren Verletzungen sind es 71 Prozent –, und das, obwohl eher Männer solche Unfälle verursachen. An klinischen Studien nahmen bis in die 1990er Jahre ausschließlich oder vor allem Männer teil, sodass sich Diagnose und Behandlung, Medikamente und Dosierung am »Durchschnittsmann« orientierten und in diesem Sinne weiterentwickelt wurden. Wir wissen also buchstäblich weniger über sämtliche Bereiche der weiblichen Biologie als über die männliche. In von einigen der renommiertesten Universitäten in Europa, den USA und Kanada empfohlenen medizinischen Lehrbüchern werden männliche Körper dreimal häufiger zur Darstellung »neutraler Körperteile« verwendet als weibliche. Für Männer konzipierte militärische Ausrüstung und Manöver gefährden auch heute noch die Gesundheit und Sicherheit von Soldatinnen. In der männlich dominierten akademischen Welt zitieren Männer in ihren Forschungsarbeiten 70 Prozent mehr Männer als Frauen. Von Frauen verfasste Arbeiten werden häufiger angenommen oder höher bewertet, wenn die Begutachtung im Doppelblindverfahren stattfindet (wenn also weder Autor*in noch Gutachter*in zu identifizieren sind) – doch weigern sich die meisten Institutionen nach wie vor, dieses Verfahren als Standard einzuführen.

Alte Notizbücher, Seiten voller persönlicher »Zitate« – einst geliebte Sätze, die ich aus gelesenen Büchern abgeschrieben habe. Irgendwann habe ich angefangen, diese Eingebungen abzutippen, statt sie aufzuschreiben. Heute finden sich auf meinem Desktop nach Name und Thema sortierte Ordner. Ganze Lesejahrzehnte, zu Gedankennuggets verdichtet. Vor kurzem bin ich sie auf der Suche nach inspirierenden Zitaten von Frauen durchgegangen. Zuerst suchte ich in den Notizbüchern und musste dabei bestürzt feststellen, dass fünfundneunzig Prozent der von mir zusammengetragenen Zeilen von Männern stammten – die meisten von ihnen waren weiß und schrieben auf Englisch. In den digitalen Ordnern sah es besser aus, aber nur, weil ich seit ein paar Jahren sehr bewusst vor allem Bücher von Autorinnen lese. Dass mein Lesen und Denken so unverhältnismäßig deutlich von Männern beeinflusst war, stört mich weniger als die Tatsache, dass ich es so lange nicht bemerkt habe.

Caroline Criado Perez führt viele Beispiele für geschlechtsbezogene Verzerrungseffekte an, die Daten und Entscheidungen beeinflussen. Bei der Lektüre wird die Erschütterung, der Schock der Geschlechterdiskriminierung – und ihrer Folgen – noch einmal neu und heftiger erlebbar. Im Großen und Ganzen verlieren Frauen noch immer – unabhängig davon, ob sie in Einzelfällen (scheinbar) gewinnen. Angesichts sexistischer Vorurteile, die in so vielen Bereichen alles zum Vorteil von Männern verdrehen, leuchtet es ein, dass Frauen, auch wenn sie es nicht sagen, ständig das Gefühl haben müssen, dass irgendetwas nicht stimmt.

Frauen, die sagen: Wie gut ich mich auch anzupassen versuche, wie sehr ich mich auch hervortue, wie viel geübter oder erfahrener ich auch sein mag – so richtig passt es nie. Frauen, die sagen: Was ich auch mache, wohin ich mich auch wende, wie sehr ich mich auch anstrenge – nie geht es wirklich auf. Frauen wie Andrea Nahles, einst SPD-Vorsitzende und Kabinettsmitglied in der Regierungskoalition unter Angela Merkel, die sagen: Zu keinem Zeitpunkt habe ich Männer und Frauen als gleichberechtigt erlebt. In ihrer ersten öffentlichen Rede, Monate nachdem parteiinterne Machenschaften ihren Rücktritt erzwungen hatten, sagt Nahles, früher habe sie Männern dabei zusehen müssen, wie sie sich hinter verschlossenen Türen trafen, und als sie schließlich selbst Zugang zum Allerheiligsten hatte, kamen die Männerzirkel halt draußen zusammen. Sie sagt: »Je mehr Frauen in die Gremien kamen, desto mehr hat sich die Macht ins Informelle verflüchtigt – sodass es teilweise Scheinerfolge waren.«

Man glaubt: Je näher man dem Zentrum kommt, desto größer wird der eigene Einfluss, doch je näher man dem Zentrum kommt, desto wirkmächtiger wird dessen Kraftfeld.

Das von Nahles beschriebene Problem mag zum Teil darauf zurückzuführen sein, dass sich viele Frauen inzwischen zu gut in die Männerwelt »einzupassen« wissen. Ob dies nun bedeutet, ein Stück von sich kleinzumachen oder zu überdehnen, sich selbst in die Quere zu kommen oder unmögliche Haltungen einzunehmen – um erfolgreich zu sein, verrenken sich Frauen auf das Fürchterlichste, traktieren sich mit der erstaunlichsten Akrobatik. Manche Frauen jonglieren so wirkungsvoll, dass von ihrer Präsenz eine *noch größere Wirkung* erwartet wird – meist vergebens, sind Frauen doch für allzu viele Männer immer noch allein *der Wirkung halber* da; damit sie selbst besser dastehen, besser aussehen, nicht damit sich für andere etwas bessert. Und es gibt noch einen weiteren, fundamentaleren Denkfehler, der sich hartnäckig hält: dass man es, um mehr Macht zu erlangen, in hohe Ämter schaffen oder riesige Vermögen anhäufen oder es den bereits Mächtigen gleichtun muss. Aber können wir wirklich hoffen, die zersetzende Wirkung dieser Macht aufzuheben, indem wir ihr folgen oder nachstreben?

Wann hatten Sie zum ersten Mal das Gefühl, mächtig zu sein?

Auf diese Frage antwortet die deutsche Bundesumweltministerin Svenja Schulze, auf deren Bestreben hin der Klimaschutz erstmals in der DNA eines jeden Ministeriums verankert wurde: »Das Gefühl ist mir fremd, vielleicht bin ich da eine typische Frau.«

Frauen werden nie »passen« oder »mithalten« oder ihre Fähigkeiten ausschöpfen, solange die sie umgebenden Strukturen und damit zwangsläufig auch sie selbst weiterhin zum Nutzen oder nach dem Bilde von Männern »gemacht« werden. Das ist der Grund für wachsendes Misstrauen dem sogenannten liberalen oder »Lean-in«-Feminismus gegenüber – ein Begriff, der auf all jene selbsternannten Feministinnen angewandt wird, die sich mit der Welt, insbesondere der Unternehmenswelt, scheinbar bequem und unhinterfragt arrangieren.

Wie können Frauen, die sich als Feministinnen begreifen, die behaupten, kritisch die immer schädlicheren Auswirkungen des Kapitalismus zu beäugen, zur Zusammenarbeit mit Branchen bereit sein, die in so vieler Hinsicht für Sexismus, Rassismus, Ausbeutung und Konsumismus stehen?

Aus ihrer Sicht bedeutet »liberal« offenbar vor allem die Freiheit, eine Menge Geld zu verdienen, und »feministisch« ganz einfach, so leben zu können, wie ich möchte. In dieser Version von Feminismus führt der Weg zur Gleichberechtigung über finanzielle Macht, die zugleich deren ultimativer Ausdruck ist. Und diese Gleichberechtigung erfordert schlicht, die Lücke zwischen mir und irgendeinem erfolgreichen Mann zu schließen, ohne das Ansinnen oder die – für mich und andere – entstehenden Kosten kritisch zu hinterfragen. Der liberale Feminismus hat zwar einige Frauen dazu ermutigt, nach mehr zu greifen, sie jedoch nicht dazu angehalten – oder gar bewusst davon abgehalten –, mehr über das »Was«, »Wie« und »Mit wem« nachzudenken.

Wann hattest du zum ersten Mal das Gefühl, mächtig zu sein?, frage ich mich. Das Gefühl war mir weitgehend fremd, bis ich begann, Macht in andere Begriffe zu fassen.

Wann hast du dich besonders machtlos gefühlt?, frage ich mich. Zu oft, als dass ich es zählen, geschweige denn er-zählen könnte. Die vielen Male, bei denen ich mich ungehört, verletzlich, erfolg- oder schutzlos fühlte, tragen das Echo der ersten bewussten Erinnerung an Machtverlust in sich: den Moment, als meine Schwester nicht mehr alles tat, was ich ihr sagte. Ich war acht, sie anderthalb Jahre jünger. Bis dahin hatte sie treu und brav all meine Befehle ausgeführt, mich nachgeahmt, alles dafür getan, wie ich zu sein, auch wenn das bedeutete, Dinge zu essen, Sachen anzuziehen oder zu sagen, die ihr nicht gefielen. Eines Tages hörte all das auf. Als wäre ein Bann gebrochen. Ich erinnere mich noch an den Schock: die Enttäuschung, die Wut, das Gefühl von Hilflosigkeit, als alle meine Versuche, ihre Haltung zu ändern, ins Leere liefen. Aus ihr war eine eigenständige Person geworden, und ich fühlte mich herabgesetzt, bestürzt darüber, wie sehr sich mein Selbstwertgefühl aus der Kontrolle über sie speiste, auf ihrer gefügigen Bewunderung beruhte. Heute denke ich: Wie traurig und hässlich meine Vorstellung von Macht damals war! Eine abgegriffene, alte – und noch immer allzu präsente – Auffassung von Macht als Herrschaft, als permanente Selbstbestätigung.

Macht, nach Hannah Arendt, ist eine »Potentialität«, eine Kraft, die daraus entsteht, wenn Menschen zusammenkommen, gemeinsam denken und handeln. Sie sagt: »Mit realisierter Macht haben wir es immer dann zu tun, wenn Worte und Taten untrennbar miteinander verflochten erscheinen, wo also Worte nicht leer und Taten nicht gewalttätig stumm sind, wo Worte nicht missbraucht werden, um Absichten zu verschleiern, sondern gesprochen sind, um Wirklichkeiten zu enthüllen, und wo Taten nicht missbraucht werden, um zu vergewaltigen und zu zerstören, sondern um neue Bezüge zu etablieren und zu festigen, und damit neue Realitäten zu schaffen.« Sie betont, dass dieses Machtpotential nicht »aufgespeichert werden kann, um dann im Notfall intakt eingesetzt zu werden«, sondern »überhaupt nur in dem Maße existiert, als es realisiert wird«.

Arendts Beschreibung steht in deutlichem Kontrast zu den persönlichkeitsgesteuerten, hochindividualisierten Machtinszenierungen, die unsere kapitalistische Ära beherrschen und auch die Politik infiziert haben. Dort ist die Macht immer häufiger bereit, für ihre eigennützigen Ziele Gewalt einzusetzen, Ziele, die in ihrer Wirkung aggressiv sind, auch wenn sie – wie etwa eine den Staatshaushalt angeblich ausgleichende Sparpolitik – harmlos daherkommen.

Wann hatten Sie zum ersten Mal das Gefühl, mächtig zu sein?

Svenja Schulze sagt: »In Demokratien sind oft viele an Entscheidungen beteiligt, und das ist auch gut so. Diese Art von Erfolg kenne ich gut, er ist wunderschön.«

Schulzes Anstrengungen haben Ende 2019 dazu geführt, dass der Deutsche Bundestag das Bundes-Klimaschutzgesetz verabschiedete, das alle Ministerien, auch das für seine Sturheit bekannte Verkehrsministerium, dazu verpflichtet, den Klimaschutz in jede politische Maßnahme miteinzubeziehen.

Es liegt teils am liberalen Feminismus, dass das Etikett »feministisch« – lange Zeit als so radikal, einschüchternd und polarisierend verschrien, dass es sich nur ein paar Mutige anhefteten – viel allgegenwärtiger und genießbarer, ja Mainstream geworden ist und eine Art populäre Macht darstellt. Diese Haltung – »Feministin« –, die mich anfangs gleichermaßen verschreckt und angezogen hatte, wurde viel zugänglicher, viel tragbarer, ganz einfach dadurch, dass sie häufiger auftauchte. Dennoch konnte ich mich nicht dazu durchringen, das Wort zu verwenden oder es mir gar in der Öffentlichkeit überzustreifen. Irgendwie kam es mir falsch vor, als nähme man einen Mantel aus einer öffentlichen Garderobe mit, stellte dann fest, dass es nicht der eigene ist, und brächte ihn trotzdem nicht zurück, weil er, nun ja, so gut passt, sich gut anfühlt, weil die Leute ihn bewundern und sich erkundigen, woher man ihn hat. Eine echte Feministin würde auf den ersten Blick erkennen, dass es sich um eine Kostümierung handelt, auch wenn es für jedes andere Auge so aussähe, als wäre der Mantel maßgeschneidert. Zu jener Zeit hatte ich noch wenig feministische Theorie gelesen, wusste aber bereits, dass Feminismus vieles war, nur kein leicht zu tragendes Etikett.

Hillary Clinton bezeichnete sich im Wahlkampf als Feministin. Bei einem Beyoncé-Konzert erstrahlte das Wort in riesigen Neonbuchstaben auf der Bühne. Maria Grazia Chiuri, die erste weibliche Kreativdirektorin bei Dior, zeigte bei ihrer ersten Modenschau für das Label unter anderem T-Shirts, auf denen der Slogan *We Should All Be Feminists* prangte (womit sie den Titel von Chimamanda Ngozi Adichies Bestseller zitierte). Immer wieder blitzt das Wort auf, und das funkelnd sternenklare Licht stellt den Augenblick heraus und verdunkelt den Rest. So wird »Feministin« dann mit einem einzelnen Bild, einer persönlichen Errungenschaft, einem vermeintlich einzigartigen Zugang zur Macht assoziiert. Wir heben es auf, ziehen es an, als wäre es ein Accessoire, neu und glänzend, als wäre es nicht bereits mit zahlreichen Geschichten, Verlusten und Siegen beladen. Wie verlockend es doch ist, sich im Schein des Ware gewordenen Begriffs zu sonnen, ohne einen Gedanken an seine Schattenseiten zu verschwenden. Sein Leuchten ist diffus, kaum können wir uns ihm entziehen. Selbst jenen, die ihn von sich weisen, verleiht er seinen goldenen Schimmer. Das ist das Dilemma vieler, die den Kapitalismus kritisieren – wir profitieren trotzdem alle von ihm. Leben heißt beteiligt sein. Eine feministische Frage muss daher sicherlich lauten: Wie lassen sich die schlimmsten Auswirkungen der eigenen Involviertheit abmildern, die unausweichlichen negativen Folgen der eigenen Entscheidungen einzudämmen?

Während oberflächliche Wahlmöglichkeiten wuchern, Aufmerksamkeit und Energie absorbieren und uns mit falschen Privilegien bezirzen, ist die tatsächliche Handlungsbefugnis einer Frau – in Bezug auf ihre Leidenschaften, ihren Körper – permanent bedroht. Es wird versucht, die Kampfarena zu verkleinern, sodass Frauen immer weniger Bewegungsspielraum haben. Überall auf der Welt werden die Reproduktionsrechte von Frauen beschnitten, wird ihr Zustimmungsrecht ignoriert.

Die neue Zusammenstellung des US-amerikanischen Supreme Courts nach der Berufung des Richters Brett Kavanaugh im Jahr 2018 ließ viele befürchten, dass Abtreibungen landesweit illegal werden könnten. Der Bundesstaat Ohio hat Abtreibungen ab der 6. Schwangerschaftswoche verboten (an diesem Punkt wissen viele Frauen noch nicht einmal, dass sie schwanger sind) und verabschiedete 2019 ein Gesetz, das befruchtete Eizellen, Embryos und Föten zu »Personen« im Sinne des Strafgesetzbuches erklären würde – wodurch eine Abtreibung für beide Seiten, Ärztin und Patientin, als Kapitalverbrechen gelten und somit unter Todesstrafe gestellt werden könnte. Ohios Gesetz liegt im Trend amerikanischer Gesetzgeber, die versuchen, Roe vs. Wade anzufechten, jenes Urteil, mit dem Abtreibung als Grundrecht anerkannt wurde. Eine Vertreterin eines republikanisch geführten Bundesstaats will sogar noch weiter gehen: Sie brachte einen Gesetzesvorschlag ein, der eine Pflicht zur Mutterschaft vorsah.

Dass Entscheidungsfreiheit und Einwilligung völlig missachtet werden, sobald Frauen betroffen sind, zeigt sich auch auf andere Weise. In Indien, um nur ein Beispiel zu nennen, hat nicht zuletzt das Smartphone den Konsum von Hardcore-Pornografie unter Männern, auch jungen Teenagern, explodieren lassen. Häufig kursiert das Material bei WhatsApp. Viele Konsumenten entwickeln eine zwanghafte Vorliebe für die sexuell gewalttätigsten Pornos: Vergewaltigungsvideos. Dies ist nur eines von vielen beunruhigenden Anzeichen für den Druck in einer sehr konservativen, sich rasant modernisierenden Gesellschaft, die noch immer mit einem dunklen kolonialen Erbe zu kämpfen hat. Männer – eingezwängt zwischen einem ins Wanken geratenen traditionellen Status, einem Mangel an Vorbildern, Versagensangst und Scham über das Gefühl von »Schwäche«, das durch die Kombination all dieser Faktoren hervorgerufen wird – fühlen sich zu einer grotesken Bildwelt hingezogen, die ihre gemischten Gefühle besänftigt und zugleich schürt. Und das in einem gesellschaftlichen Kontext, in dem Sex tabuisiert ist, sexuelle Aufklärung sich auf Fortpflanzung beschränkt und es ansonsten so gut wie keinen Raum für Gespräche über gegenseitiges Einverständnis und gemeinsame Lust gibt. Die Videos werden von Gruppe zu Gruppe weitergereicht, was manche mit der Behauptung verteidigen, die Weitergabe solcher Inhalte helfe, »das Bewusstsein für dieses Problem zu schärfen« – worauf Rechtsaktivist*innen sagen: Zu diesem Zweck sind die Videos der Polizei zu melden, anstatt sie in aller Welt zu verbreiten. Pornokonsum dieser Art trägt zu einer verqueren Vorstellung von Sex und einer falschen Erwartungshaltung bei und führt zur weiteren Misshandlung von Frauen.

Inmitten solcher Verstöße muss Feminismus mehr sein als eine Flagge, die für persönliche Prioritäten oder private Verletzungen geschwenkt wird. Ja, das Private ist politisch, das Allgemeine aber ist es ebenfalls. In ihrem Buch *Warum ich keine Feministin bin* kritisiert Jessa Crispin das, was sie einen »universalen Feminismus« nennt, der »nicht beißt«, in dem wahres Engagement zugunsten eigener Vorlieben gemieden wird. Mit »universalem Feminismus« meint sie eine *One-size-fits-all*-Vorstellung, die sich nach Belieben anpassen lässt. Als Beispiel nennt sie, dass Heiraten eine freiwillige Entscheidung sei, »und sofern sich eine Feministin für die Heirat entscheidet, ist heiraten automatisch feministisch«. Einige sprechen von Lifestyle-Feminismus, einem Ableger des liberalen Feminismus, und verteidigen ihn als Ausdruck persönlicher Freiheit. Andere dagegen sagen: Das ist Fake-Feminismus und untergräbt den Feminismus als solchen.

Früher hätte ich diese Rosinenpickerei verteidigt, hätte sie Feminismus light genannt, nicht fake – weil auch ich bei meinen ersten Vorstößen in Richtung Feminismus wählerisch war. Ich wollte Chancengleichheit für alle Frauen und paritätische Vertretung, aber ich wollte mich nicht näher mit der Veränderung meiner eigenen Situation befassen, zu der es auch gehörte, dass ich auf gewisse Weise von dem Fehlen eben jener Dinge profitierte, die ich zu fordern vorgab. Genau wie ich zwischen meiner Mutter und Mumji lavierte und glaubte, auf beiden Seiten stehen zu können, lavierte ich zwischen Feminismus und Leben und glaubte, hier und da, ab und an Feministin sein zu können, ein bisschen feministisch, aber nicht zu sehr. Manches wollte ich nicht sehen oder fragen, und so schneiderte ich mir meinen eigenen Feminismus, der mich vor dem Hinschauen und Nachfragen bewahrte.

Ist es feministisch zu wissen, dass dein Vater deine Mutter vergewaltigt hat, ihn dafür zu hassen und trotzdem weiterhin zu lieben, ganz einfach, weil er dein Vater ist?

Ist es feministisch, von Männern zu verlangen, mehr Gefühle zu zeigen, es dann aber nicht zu mögen, wenn dein Mann Traurigkeit, Schmerz oder selbst Wut so ausdrückt, wie du selbst es machst – mit Weinen?

Ist es feministisch, das Stereotyp des unfehlbaren starken Mannes zu verdammen, aber enttäuscht oder ungeduldig zu sein, wenn dein Freund krank ist?

Ist es feministisch, Unabhängigkeit und finanzielle Selbständigkeit herbeizusehnen, sich aber auch Schutz zu wünschen, finanzielle Unterstützung, einen Partner, der mehr verdient als du und der alle Rechnungen bezahlt?

Sich feministischem Denken ernsthaft auszusetzen ist so, als lasse man sich röntgen. Wilhelm Röntgen, der die später nach ihm benannten X-Strahlen 1895 entdeckte, benutzte die Hand seiner Frau Anna Bertha für das erste menschliche Röntgenbild. Als sie es sah, sagte sie: »Ich habe meinen Tod gesehen.« Das ist gewissermaßen, was viele von uns intuitiv erahnen, wenn sie in Kontakt mit dem Feminismus kommen. Ihm weiter zu folgen, so wird uns bald klar, bedeutet notwendigerweise so tiefgreifende Konfrontationen, Rücknahmen und Veränderungen, dass damit eine Auflösung dessen einhergeht, was wir zu sein glaubten. Aus diesem Grund erwehren sich viele von uns, verweigern sich, laufen davon.

Ist es feministisch, das Macho-Gehabe eines Mannes zu tolerieren, weil er mit deiner besten Freundin verheiratet ist und es deine Freundin verärgern würde, ihn in die Schranken zu weisen?

Ist es feministisch, sich zu wünschen, dass eine Frau deinen Incel-Bruder aus seiner Misogynie rettet?

Ist es feministisch, sich nach Anerkennung einer Mutter zu sehnen, die stolz den Archetypus der Kinder gebärenden, selbstverleugnenden Hausfrau hochgehalten hat und dich dafür verachtet, dass du es anders machst?

Ist es feministisch, zu Familientreffen zu gehen, bei denen der Mann anwesend ist, der deine Tante als Kind sexuell missbraucht hat? Ist es feministisch, den Mann, wenn auch unterkühlt, zu grüßen, die Vergangenheit stillschweigend zu akzeptieren, weil deine Tante sagt, sie habe ihm vergeben und wolle kein Theater? Ist es feministisch, Wert auf angebliche Vergebung zu legen, obwohl die Vergebende nach dem, was ihr angetan wurde, ganz offensichtlich noch immer gebrochen ist? Ist es feministisch, mit angesehen zu haben, wie andere Familienmitglieder ihre Kinder in die Obhut jenes Mannes gaben, der einst Missbrauch betrieben hatte, und nichts gesagt zu haben? Ist es feministisch, zu glauben, man könne beim Heilungsprozess helfen, indem man sich einmischt, wo es nicht erwünscht ist?

Röntgenstrahlen sind eine Form von hochfrequenter, kurzwelliger elektromagnetischer Strahlung. Es gibt weiche und harte Röntgenstrahlen, letztere haben eine höhere Frequenz und sind durchdringender als die anderen, die bei medizinischen Untersuchungen üblicherweise herausgefiltert werden, weil sie den menschlichen Körper nicht durchdringen und lediglich eine überflüssige Belastung darstellen. Auch feministisches Denken kann weich und hart sein.

Ist es feministisch, dafür zu plädieren, dass »nein nein heißt«, aber den ersten Annäherungsversuch eines Typen abzuwehren, weil du findest, er müsse wenigstens zwei Anläufe unternehmen, um dir zu zeigen, dass er es wirklich ernst meint?

Ist es feministisch, einen Orgasmus vorzutäuschen?

Hartes feministisches Denken kann, so du es zulässt, alles in dir durchdringen: deine besten Eigenschaften beleuchten, deine geheimsten Ängste bloßlegen. So wirkt es auch auf die Gesellschaft als Ganzes. Daher ist es einfacher, Distanz zu wahren, oder es zumindest zu versuchen.

Ist es feministisch, von einer Situation zu profitieren, die andere Frauen benachteiligt?

Ist es feministisch, dich nur zögerlich bei Bekannten für eine Freundin in Not einzusetzen, weil sie weniger gewandt in den gesellschaftlichen Umgangsformen ist – Small Talk, höfliche Scherze, ein ewig sonniges Gemüt –, die einer reibungslosen Kontaktpflege dienlich sind? Ist es feministisch, zu befürchten, das Verhalten einer anderen Frau könnte dich in schlechtes Licht rücken, und ihr deswegen nicht zu helfen, obwohl du es könntest?

Ist es feministisch, mir Gedanken darüber zu machen, dass einige dieser Fragen als *meine* aufgefasst werden könnten, als allein auf mein Leben und meine Erfahrungen bezogen? Ist es feministisch, zu befürchten, dass einige Fragen vielleicht keinen direkten Bezug zu mir haben, sich Sorgen darum zu machen, welche einen Bezug haben – oder so verstanden werden könnten? Ist es feministisch, sich Sorgen zu machen – *wohl wissend*, dass Feministin sein bedeutet, bereit zu sein, die Frage, jede Frage zu stellen? Eine Definition von Feministin lautet sicherlich: eine Fähigkeit, die Fragen sämtlicher Frauen so zu behandeln, als könnten sie die eigenen sein.

Knochen zeichnen sich beim Röntgen weiß ab, während weiches Gewebe – das die Strahlen weniger stark absorbiert – grau erscheint. Die Lesbarkeit eines Röntgenbildes hängt von diesem Phänomen der differentiellen Absorption ab. Wie nehmen unsere Herzen und Köpfe die Fluoreszenz des Feminismus auf? Welche Bilder entstehen aus diesen ganz persönlichen Licht-Schatten-Kontrasten? Welche Fragen?

Ist es feministisch, simplen Binaritäten zu misstrauen, klassische Darstellungen von männlich und weiblich zu verabscheuen, sich andere Erfolgsmodelle zu wünschen – und sich trotzdem immer zum Mann auf dem höchsten Posten hingezogen zu fühlen oder dem, der tough genug aussieht, die anderen schlagen zu können, oder der am meisten Geld hat?

Ist es feministisch zu denken: Ich will, dass du mehr Macht hast, aber ich will trotzdem das Sagen haben?

Ist es feministisch, Lücken zwischen den Fragen zu lassen, Lücken, die womöglich niemand sonst sehen kann, dich aber anstarren, die drohen, dieses Gedanken- und Fragengebäude einstürzen zu lassen, zu Fall zu bringen, dieses Konstrukt, das entstand, um eine bestimmte Person anzusprechen, jemanden, mit dem du nicht direkt reden kannst, jemanden, den du nicht erreicht, nicht genannt hast?

Ist es feministisch, Gleichberechtigung zu wollen und dann für eine Podiumsdiskussion zuzusagen, auf der du die eine Frau neben drei Männern bist, die erste und einzige Frau unter zehn Männern in einem Unternehmensvorstand? Ist es feministisch, Gleichberechtigung zu wollen und sich dann darauf einzulassen, die eine Ausnahme in einer ansonsten weißen, geschlechtergerechten, zwölfköpfigen politischen Delegation zu sein?

Es gibt Frauen, die sagen: Bevor es für alle besser werden kann, müssen es ein paar von uns bis ganz nach oben schaffen. Es gibt Frauen, die sagen: Ein paar von uns sind jetzt schon eine ganze Weile ganz oben, und es hat kaum einen Unterschied für alle Frauen gemacht. Frauen, die sagen: Eine Frau allein an der Spitze ist wie ein Mann, wenn sie es nicht schafft, anderen Frauen den Weg zu ebnen. Frauen, die sagen: Es reicht nicht, nur Gleichgesinnten auf die Sprünge zu helfen. Frauen, die sagen: Feministin ist, wer erkennt, dass es zur Schaffung einer gerechteren Gesellschaft auch gehört, jene emporzuheben, die nicht so sind wie ich.

Alles andere stellt eine Art subjektiven Feminismus dar, dessen Gegenstück subjektive Gleichberechtigung ist: Mein Feminismus ist, was sich für mich richtig anfühlt; meine Gleichberechtigung ist dort, wo ich mich wohlfühle.

Beim Feminismus geht es darum, uns zu verunsichern, weil dazu ein ständig neues Hinterfragen unserer Annahmen, Ziele und Methoden gehört.

Feminismus ist vor allem ein Kampf, den du *mit dir selbst* führst. Aber nie einer, den du *um deiner selbst willen* führst.

Und der Kampf ist stets am schwersten, je näher er dem Herzen liegt, jenem pulsierenden Punkt, wo Liebe und Loyalität mit Urteilsvermögen und Theorie kollidieren, wo alte Verbundenheiten und Zuneigungen mit neuen Überzeugungen und guten Absichten zusammenstoßen. Das sind die Schnittstellen des feministischen Kampfes, die persönlichen Schauplätze von Streit, von Zweifel und Verzweiflung – oder manchmal von hehren Augenblicken der Emanzipation.

Ist es feministisch, Frauen zu glauben, die sagen, sie seien belästigt oder vergewaltigt worden, und trotzdem ebenfalls einem Mann zu glauben, dem ein sexueller Übergriff vorgeworfen wird, den er aber leugnet?

Manche Frauen sagen: Eine Frau, die einen Mann unter diesen Umständen verteidigt, ist eine Verräterin aller Frauen. Es scheint keine Rolle zu spielen, ob die Anschuldigungen gegen den Mann bewiesen sind oder nicht – und häufig kann so etwas nicht eindeutig bewiesen werden. #MeToo hat eine unglaubliche, inspirierende Solidarität unter Frauen verstärkt und sichtbar gemacht, indem es ausnahmslos alle Frauen einschloss und ihnen bedingungslos Glauben schenkte. Darin liegt ein unbestreitbarer Wert und, den zahllosen Varianten dieses Hashtags nach zu urteilen, auch ein unbestreitbarer Reiz: Er hat zahlreiche populäre Übersetzungen und Permutationen hervorgebracht, ältere Schlagworte wiederbelebt: #Balance TonPorc, #YoTambien, #Ana_kaman, #BelieveWomen, #TimesUp, #YesAllWomen.

Die Behauptung einer universellen Kategorie von Frauen ist die Stärke von #MeToo, aber auch seine Schwäche – eine, in der eine Verwerfungslinie in der feministischen Theorie widerhallt, die lange Zeit von einer bestehenden, inhärenten Identität einer Gruppe namens »Frauen« ausging, von der und in deren Namen verschiedene politische und gesellschaftliche Ziele verfolgt werden. Feministinnen wie Judith Butler sind dieser Annahme auf den Grund gegangen. »Verdankt sich das Band zwischen den ›Frauen‹ einzig und allein ihrer Unterdrückung?« Die #MeToo-Bewegung scheint diese Frage mit einem schallenden »Ja!« zu beantworten. Selbst wenn die Antwort gültig ist, kann der logische Schluss daraus nicht lauten, dass die Verbündeten auch einstimmig zu sprechen und zu handeln haben.

Meine innere Zerrissenheit wegen der Geschichten meiner Mutter und Mumjis – wie sie ihre Unterdrückung enthüllt hatten und damit umgegangen waren, was sie mir erzählt hatten und was ich mit dem Wissen anfangen sollte – fühlte sich infolge der neuen Debatten und Bewegungen schwerer an. Mir wurde klar, wie vorsichtig beide auf je eigene Weise gewesen waren, als sie eingestanden, was sie durchgemacht hatten, bestimmte Dinge zögerlich beim Namen nannten, in der Angst, ihre Erzählungen könnten abgetan oder gegen sie verwendet werden. Das Gewand des Wissens, das Mumji meiner Schwester und mir Jahre zuvor versprochen hatte, war ein noch viel unförmigeres Outfit, als ich mir je hätte ausmalen können. Seine Schleppe war so lang, dass ich kein Ende sehen konnte. Ich konnte mich nicht einmal daran erinnern, das Ding angezogen zu haben, merkte eines Tages nur, dass ich drinsteckte und nicht wusste, ob ich mich unter den Unmengen von Stoff, gewoben aus Jahrhunderten von Geschichten von Frauen, würde aufrecht halten, mich ohne Stolpern würde bewegen können. Dann, dank all dem, was in der Gesellschaft um mich herum vor sich ging, begriff ich, dass ich nicht allein in diesem riesigen Gewand aus Erfahrungen steckte, wie meine Mutter und Mumji es wohl überwiegend empfunden haben, sondern mit anderen, obwohl ich sie nicht kannte.

Beim Feminismus geht es auch um Trost – indem die Unterschiede von Erfahrungen anerkannt und Kränkungen bekräftigt werden, indem Solidarität angeboten und Hoffnung geschürt wird. Die Herausforderung liegt darin, wie dies zu tun ist, und dabei Differenzen zu respektieren oder zumindest auszuhalten. Wie Ungerechtigkeiten wahrzunehmen und zu kritisieren sind, ohne das vorherrschende Vokabular der Unterdrückung zu übernehmen.

»Das feministische ›Wir‹«, sagt Butler, »ist stets nur eine phantasmatische Konstruktion, die zwar bestimmten Zwecken dient, aber zugleich die innere Vielschichtigkeit und Unbestimmtheit dieses ›Wir‹ verleugnet und sich nur durch die Ausschließung eines Teils der Wählerschaft konstituiert, die sie zugleich zu repräsentieren sucht.«

Trotz all seiner Widersprüche und Grenzen hat mir der Feminismus die Möglichkeit einer anderen Art von Kollektiv eröffnet. Anders als das Kollektiv der Familie oder einer religiösen/nationalen/ethnischen Community, die ihre Mitglieder oft auf diese oder jene Weise zu überwachen versuchte, war dieses andere Kollektiv nicht an Konformität oder Kontrolle interessiert – sondern an Verständnis und Unterstützung aller, ob sie nun dazugehörten oder nicht. Dieses andere Kollektiv entwickelte sich permanent weiter, wuchs beständig.

#MeToo gewann erst an Zugkraft und Sichtbarkeit, als sich einige prominente weiße Frauen der Sache anschlossen. Tarana Burke sagt, damit habe sie kein Problem, weil es dem Thema weltweit eine nie da gewesene Aufmerksamkeit beschert habe. Doch sie sagt auch, sie sei zwar Gründerin und Anführerin der Bewegung, werde von den Medien jedoch nicht als solche dargestellt oder angesprochen, »weil sie uns nicht sehen können«. Sie meint damit: In Sachen Orientierung oder Expertise wenden sie sich nicht an Schwarze. Die Mainstream-Medien sind ebenso rassistisch voreingenommen wie all unsere Strukturen.

Es gibt Frauen, die sagen: Ich habe mir bei meiner Karriere weder meine Hautfarbe noch mein Geschlecht in die Quere kommen lassen. Frauen, die sagen: Ich habe es allein mit harter Arbeit geschafft, die gläserne Decke zu durchbrechen. Frauen, die sagen: Ich habe mein Geschlecht noch nie als Entschuldigung benutzt. Worauf sich nur erwidern lässt: Schön für euch – doch warum glaubt ihr, dass eure Einstellung oder Erfahrung allen Frauen als Maßstab dienen kann? Es gibt Männer und Frauen, die sagen: Jenen, die keine Diskriminierung sehen, keine Vorurteile, wird es ebenso zurückgespiegelt. Worauf sich nur erwidern lässt: In was für einer exklusiven Wirklichkeit lebt ihr?

Es gibt immer mehr Frauen, die sagen: Ich will nicht über mein Frausein definiert werden. Frauen, die sagen: Ich lasse mich nicht auf mein Geschlecht reduzieren. Frauen, die sagen: Ich lehne westliche Klassifizierungen wie »Frauenliteratur« oder »Frauen in der Kunst« ab. Diese Frauen erkennen die Nachteile ihres Geschlechts, mögen aber die Vorstellung nicht, Teil einer Art Interessengruppe zu sein, die unentwegt Zugeständnisse bei Dingen fordert, die selbstverständlich sein sollten. Ich kann diese Haltung nachvollziehen, teile sie bis zu einem gewissen Grad sogar. Dennoch, und obwohl ich damit hadere, wie der Begriff »Frauen« verwendet wird – von wem und zu welchem Zweck –, verspüre ich doch die Notwendigkeit, mich mit der Kategorie »Frauen«, wie unbefriedigend sie auch sein mag, zu verbünden, weil die Lage der darin Inbegriffenen instabil ist: Die Rechte von Frauen und die Repräsentation von Frauen in Machtpositionen sind noch nicht so ausreichend vorhanden oder gesichert, dass sich die Kategorie ignorieren ließe. Ich habe mich entschlossen, mit Frauen und ihrem Kampf um Gerechtigkeit verknüpft zu werden, wohl wissend, dass dies kein Kampf allein für und mit Frauen ist, und es nicht sein kann.

Viele der frühen Experimentatoren mit X-Strahlen verbrannten sich dabei. Das Gleiche gilt für Feministinnen, die es wagen, entschlossen hinzusehen, die nicht davor zurückschrecken, Annahmen zu überprüfen, Grenzen zu überwinden, Loyalitäten in Frage zu stellen: Sie verbrennen sich – zunächst an der Flamme der die Gesellschaft durchdringenden Ungerechtigkeit und dann, sobald sie davon berichten, am Zorn derjenigen, die ihre Erkenntnisse oder Argumente nicht ertragen. Und doch gibt es Feministinnen, die allem standhalten.

Ist es feministisch, andere Frauen dafür zu verurteilen, dass sie Entscheidungen treffen, die du selbst so nicht treffen würdest? Simone de Beauvoir sagt: »Es gibt keine Möglichkeit, das Glück eines anderen zu messen, und es ist leichter, die Situation für glücklich zu erklären, die man ihm aufzwingen will.«

Gibt es Situationen, in denen die Frage – Ist es feministisch? – nicht gestellt werden kann, werden sollte?

»… wir alle, Frau oder Mann, wurden von Geburt an so sozialisiert, dass wir sexistisches Denken und Handeln akzeptieren. Folglich können Frauen genauso sexistisch sein wie Männer«, sagt die feministische Autorin und Aktivistin bell hooks.

Was macht eine Frau aus?

Eltern, die zu Töchtern sagen: »Sei vorsichtig!« (viermal so oft wie zu Söhnen). Vorsicht! Sei nicht zu laut, zu schnell, zu klug. Eltern, die sagen, trag dies nicht, mach das nicht, geh da nicht hin – es ist zu deinem Besten. Mütter, die sagen: »Komm und hilf mir« – während Väter Zeitung lesen und Brüder spielen gehen. Väter, die sagen: »Meine kleine Prinzessin. Mein hübsches Mädchen.« Erwachsene, die kleinen Mädchen begegnen und sagen: »So ein schönes Kleid!« Mütter, die sagen: »Sei brav, sei lieb.« Mütter, die sagen: »Mach alles, was du willst! Sei, wer immer du sein willst!«, und dann ein Rollen-bild vorleben, bei dem vor allem sie für das Kochen und Putzen, Organisieren und Betreuen verantwortlich sind.

Perfektion – oder vielmehr deren unmöglich zu erfüllendes Ge-bot – gehört zu den Dingen, die unsere Vorstellung von Weiblich-keit verzerren. Ich bin im Glauben aufgewachsen, dass zum Frau-sein gehörte, alles richtig machen zu müssen. Aussehen, Ausdruck, Auftreten, alles musste perfekt sein, das heißt gefällig, sanft, hübsch, rein. In Mumji sah ich deshalb eine solch charismatische Figur, weil sie all das nicht machte – jedenfalls nicht auf die erwartete, stille Weise. Sie pflegte ihr Äußeres, besonders ihr Gesicht, als wäre es eine Rüstung; ein Schild, verziert mit Lippenstift und Kajal, mit Na-sen- und Ohrringen, manchmal einem Tika auf der Stirn. Schön-heit war Teil eines Arsenals, das es ihr ermöglichte, weiterhin mit Wohlwollen betrachtet zu werden, obwohl sie es in anderer Hin-sicht verspielte, indem sie auf andere losging, mit ihnen in Streit ge-riet und sie herunterputzte. Später begriff ich, dass sie umso hefti-ger austeilte, sobald ihr jemand unterstellte, etwas falsch gemacht zu haben. Viele mochten sie daher nicht. Mit ihr kannst du nicht re-den, sagten sie. Sie muss immer recht haben, sagten sie. Auch mich ermüdete ihr herrischer Stil irgendwann, ich musste Wege finden, mich von ihr nicht überfahren zu lassen, gleichwohl bin ich ihr da-für dankbar, dass sie mir ein alternatives Rollenbild angeboten hat.

Makellosigkeit bedeutete Wertsteigerung. Fehler bedeuteten, zu-rück und wieder von vorn beginnen zu müssen. Wer immer bei null anfängt, hat es schwer, wirklich Gewicht in der Welt anzusam-meln, Gravität. Das Perfektionsgebot, so wie ich es verstand, war untrennbar mit Gehorsam verbunden, mit Fügsamkeit. Zudem bil-dete ich mir ein, dass nicht nur ich selbst perfekt zu sein hatte, son-dern dass ich auch für Perfektion in meinem Umfeld verantwort-lich war – ein weiterer unmöglicher Kraftakt, den ich trotz allem zu leisten versuchte.

Autofahrten nach einem elterlichen Streit: die beiden Erwachsenen so verstimmt, dass ihr Schweigen im Wagen erklang und zu einem klaustrophobischen Crescendo anschwoll. In einem verzweifelten Versuch, die Situation zu entschärfen, fing ich an zu singen, und meine Schwester fiel ein. Manchmal. Manchmal las sie ein Buch und ignorierte mich. Das waren die schlimmsten Fahrten: Traurigkeit stieg von uns auf wie Trockeneis. Ich fürchtete, dass jemand, der uns auf der Straße entgegenkam und flüchtig in unsere Richtung blickte, uns in diesem Nebel aus Familienproblemen sehen und bemitleiden würde. Also tat ich so, als sei alles gut, bestens, spitze! Ich mimte angeregte Gespräche, warf den Kopf zurück und lachte. Meine stumme Performance wurde besonders übertrieben, wenn wir an einer Ampel hielten. Noch als Erwachsene führte ich Varianten dieses Bloß-alles-gut-aussehen-lassen-Theaters auf. Viele Frauen überall auf der Welt sind in dieser Rolle geübt.

Frauen, die in sozialen Situationen das Schweigen füllen, bei Streitereien eilig vermitteln, Spannungen fortlächeln. Frauen, die vorgeben, mit jemanden einer Meinung zu sein, um allen die Unannehmlichkeiten einer Auseinandersetzung zu ersparen. Frauen, die ihre Partner anstupsen – mit einem Tritt unter dem Tisch, einem warnenden Blick –, sobald eine Diskussion mit anderen zu hitzig gerät. Frauen, die auf eigene Kosten lachen – oder lügen –, um dem Ego ihrer Männer, das sie so leicht mit dem eigenen verwechseln, Halt zu geben. Frauen, die sich nicht trauen, darauf hinzuweisen, wenn ein Mann sich irrt, die sofort meinen, etwas falsch gemacht zu haben, wenn etwas schiefläuft.

Es gibt viele Gründe für den Pesthauch des Perfektionismus: bell hooks bekannte, was manchen Frauen, die Ähnliches kennen, noch immer schwer über die Lippen geht – dass die lauteste patriarchale Stimme in ihrem Leben die Stimme der eigenen Mutter war.

Wir sprechen selten darüber, doch wir alle kennen solche

Frauen oder haben von ihnen gehört oder sind sie in gewisser Hinsicht selbst.

Frauen, die sagen: Sieh nur, was dir deine Gleichberechtigung gebracht hat – die Männer respektieren dich nicht mehr und können dich wie ein Stück Dreck behandeln. Frauen, die sagen: Es ist deine Schuld, weil du zu forsch redest und nach der Heirat weiterarbeitest. Frauen, die sagen: Du musst bei ihm bleiben, wegen der Kinder. Frauen, die sagen: Allein bist du ein Nichts. Frauen, die sagen: Hab nur Geduld. Frauen, die sagen: Am Ende bist du allein, dann wird alles nur noch schlimmer.

Was macht eine Frau aus? Vieles. Nicht zuletzt andere Frauen.

Mumji redete so viel und häufig so laut, dass sie ihre Stimmbänder überstrapazierte und irgendwann operiert werden musste. Meine Mutter verlor für über ein Jahr ihre Stimme; versuchte sie zu sprechen, kam manchmal ein schwaches Flüstern heraus, manchmal kein einziger Ton. Die Stimme kam langsam wieder, nachdem sie darum gebeten hatte, eine Weile lang – eine Woche, zwei Wochen, drei – keinen Kontakt zu uns zu haben: Mumji, meiner Schwester und mir, den drei Frauen, die ihr am nächsten standen. Es fiel mir schwer, ihre Entscheidung zu akzeptieren, ich fühlte mich zurückgewiesen und war auch etwas aufgebracht darüber, mit Mumji in eine Schublade geworfen zu werden. Schließlich war ich doch ganz anders als sie, oder etwa nicht? Wie konnte ich dieselbe Wirkung haben? Wie sich herausstellte, war ich auf meine eigene Weise herrisch, überfürsorglich, sagte meine Mutter. Selbst als ihre Stimme zurück war, konnte sie wieder verschwinden, sobald Mumjis Name auf ihrem Handy aufleuchtete. Sie verließ sie auch, wenn ich, wie sie es ausdrückte, zu penetrant wurde – sie bedrängte, für sich einzustehen, oder mich anderweitig einmischte.

Ich selbst sehe mich irgendwo zwischen Mumjis Geschwätzigkeit und der Verschlossenheit meiner Mutter – wobei meine Mutter sehr gesellig und lustig sein kann, wenn ihre Mutter nicht in der Nähe ist. Doch auch ich kenne den Krampf in der Kehle, das Zuziehen und die Spannung gut, die das Schlucken und erst recht das Sprechen erschwert, Herzweh im Kehlkopf. Das kann der heftige, unsichtbare Schmerz sein, keinen Ton herauszubekommen, wenn man öffentlich beschimpft oder angegriffen wird. Es kann ein tiefer, intimer Schmerz sein, wenn man den Liebsten gegenüber jene Worte nicht herausbekommt, die man am dringlichsten sagen müsste. Ein Schmerz, in dem man sich völlig allein fühlen kann.

Was ist mit der Tatsache, dass man einen Partner haben und sich dennoch allein fühlen kann? Mumji glaubte an die Ehe und hielt daran fest, hatte jedoch jahrzehntelang ein von ihrem Mann getrenntes Schlafzimmer. Meine Mutter ließ sich im Jahr 2000 scheiden und war seither in keiner Beziehung. Ihre jeweilige Entscheidung tat beiden in gewisser Hinsicht gut, schränkte sie jedoch auch ein. Mich befremdeten diese zwei Varianten des Alleinseins, und lange fürchtete ich, selbst so zu enden, sogar noch, nachdem ich mit einundzwanzig den Mann traf, mit dem ich bis heute zusammen bin.

Allein.

Weshalb gilt eine alleinstehende Frau – eine Single-Frau – noch immer als das schrecklichste aller Schicksale?

Oft sind es Mütter, im Roman wie im Leben, die ihren Töchtern raten, das Nicht-Hinnehmbare hinzunehmen. Lieben diese Frauen ihre Töchter? Vielleicht. Vielleicht lieben sie sie auf das Verzweifeltste, wenn sie sagen: Geh zu ihm zurück, tu es für mich. Was Mumji meiner Mutter noch heute sagt. Es ist eine traurig entstellte Liebe, die sich nur in Form von Kritik äußern kann, die Unterwerfung als eine Form von Fürsorge versteht. Doch Unterdrückung entstellt die Liebe häufig. Die Geschichten vieler Schwarzer Männer und

Frauen in den USA zeugen von der strengen Liebe der Eltern, die versuchten, ihre Kinder zu terrorisieren und so in die Unterwerfung zu zwingen, um sie vor dem größeren sozialen Terror, Schwarz im eigenen Land zu sein, zu schützen.

»So etwas wie einen Ein-Thema-Kampf gibt es nicht, weil wir keine Ein-Thema-Leben leben«, sagt Audre Lorde. Damit meint sie, dass der Feminismus nicht nur Genderfragen berücksichtigen muss, sondern auch Klasse, *race*, Religion, Staat und eine Fülle anderer Themen – ein Umstand, den Kimberlé Crenshaw im Begriff »Intersektionalität« brillant zusammenfasst. Doch gibt es – gab es schon immer – einen Ein-Thema-Kampf, der jede Identität vereinnahmen kann: Selbstschutz. Der Kampf, das Gesicht zu wahren, nicht hinter die eigene Fassade zu blicken, hält viele von uns davon ab, den Wert, geschweige denn die Notwendigkeit der Kämpfe anderer anzuerkennen. Und so haben wir Mütter, die ihre Töchter beschuldigen, anstatt sich das eigene Versagen einzugestehen, selbst wenn dieses Versagen mehr den Umständen als dem eigenen Willen geschuldet ist. Frauen, die sich vorgeblich zur Gleichberechtigung bekennen, während sie, den verklärten Status erfolgreicher Männer im Blick, rücksichtslos gegen andere Frauen antreten. Frauen, die Männer wählen, die Frauen genauso ungeniert verspotten und erniedrigen wie Minderheiten und Migrant*innen. Frauen, die sagen: Als Frau fühle ich mich stärker seit Trump – das ist Anerkennung: Ich muss mir nicht mehr sagen lassen, für Hillary Clinton zu sein, nur weil ich eine Frau bin; ich habe meine eigene Stimme.

Mumji schien der Stimmverlust meiner Mutter aufrichtig mitzunehmen. Sie sagte: Ich wünschte, ich könnte dir meine Stimme geben! Sie sagte: Mögen dich sämtliche Krankheiten verlassen und sich an mich heften! Sie empfahl und besorgte Heilmittel, sie bezahlte Therapien. Doch in keinem einzigen Gespräch mit meiner Mutter konnte sie ganz einfach sagen: Wie fühlst du dich? Kein einziges Mal konnte sie sagen: Es tut mir leid, dass du es so schwer hattest. Stattdessen lamentierte sie über die Ungerechtigkeit der Welt und listete dann eigene Leiden und Sorgen auf.

»Mütter versagen immer«, sagt Jacqueline Rose, »ein solches Versagen sollte nicht als katastrophal, sondern als normal gelten, Versagen sollte als Teil der Aufgabe begriffen werden.« Sie sagt: Der Anspruch, nur eine einzige Sache zu sein – leibhaftige Liebe und Güte –, ist für jede Mutter unerträglich.

Ich würde sagen: Der Anspruch, nur eine einzige Sache zu sein, ist für jeden Menschen unerträglich.

Mit Blick auf die Ergebnisse der Kongresswahlen in Amerika im Jahr 2018 sagt die Schriftstellerin Moira Donegan: »Ihre Identität versetzt weiße Frauen in eine merkwürdige Lage am Schnittpunkt zweier Vektoren von Privilegien und Unterdrückung: Ihre *race* verleiht ihnen strukturelle Macht, doch ihr Geschlecht schließt sie davon aus. In einem politischen System, in dem Rassismus und Sexismus so tief verwurzelt sind, müssen weiße Frauen sich entscheiden, welchem Teil ihrer Identität gegenüber sie loyal sein wollen, dem machtvolleren, ihrer *race*, oder dem weniger machtvollen, ihrem Geschlecht. Vielleicht fühlen sich manche weißen Republikanerinnen nicht nur um des Rassismus willen zum Rassismus hingezogen, sondern auch als Möglichkeit, die eigene Verletzlichkeit durch sexistische Unterdrückung auszublenden oder zu leugnen.« Diese Frauen sind bereit, die Interessen ihrer Männer über die eigenen zu stellen – weil sie von den Männern abhängig sind, auch wenn sie unter dieser Abhängigkeit, die nicht einfach ökonomischer, sondern existentieller Natur ist, vielleicht gar nicht leiden. Und so fügen sie der langen Geschichte von sinnlosen Opfern, die Frauen Männern darbrachten, ohne selbst etwas davon zu haben, ein weiteres hinzu. Der Versuch, die Mächtigeren zu besänftigen – wie armselig ihre Macht auch sein mag –, trägt selten dauerhaft Früchte. Der

Versuch, die eigene Macht aufzublähen, indem man Teile seiner selbst verleugnet, endet in der Regel in Schwäche.

Sich von einem Ein-Thema-Kampf definieren zu lassen, bedeutet letztlich Selbstsabotage. Kein einziger Missstand lässt sich zuerst und für sich beheben. Daher wird der Stapel mit Fragen immer größer.

Während sich viele Frauen bei ihren politischen Sympathien noch immer von einem Ein-Thema-Kampf leiten lassen, wird jede Frau heute ermutigt, Erlösung in der Vision zu suchen, alles zu sein und zu haben. Du kannst alles haben, sagen manche. Sie meinen es gut. Sie meinen es als Ermutigung. Sie meinen es als Ermächtigung. Sie meinen: Du kannst haben, was normalerweise Männer hatten. Sie meinen: Du kannst heiraten, Kinder bekommen, Karriere machen. Das, sagen sie, ist Gleichberechtigung. Wirklich? Ist diese Version von »allem« das, was »alles« ist oder sein könnte?

Mitunter frage ich mich, ob ich bei meinem Versuch, Grenzen zu überschreiten, Konventionen in Frage zu stellen, nicht eigentlich völlig vorhersehbar war. Ich glaubte, ein sexistisches Muster zu durchbrechen, während ich ihm womöglich immer folgte, nur in kunstvollen, eleganten Bögen, die einen Eindruck von Neuheit, von Freiheit erweckten. Ich habe meinen Job in einer Werbeagentur aufgegeben, um einem machistischen Arbeitsumfeld zu entkommen. Doch das war mir nur möglich, weil mich mein Mann bei dem Versuch, meinen Lebensunterhalt als Schriftstellerin zu verdienen, finanziell unterstützte. Ich konnte die Werbebranche hinter mir lassen, aber die Notwendigkeit, anzupreisen, zu verkaufen, folgte mir in die Welt der Literatur, nur galt es jetzt mich selbst anzupreisen. Ich traf die Entscheidung, keine Kinder zu haben, aber ich habe geheiratet, eine Wohnung gekauft, eine Rentenversicherung abgeschlossen. Falls sich mein Leben von einer durchschnittlichen cis-geschlechtlichen, bürgerlichen Existenz überhaupt unterscheidet, dann wohl nur in der Zeit und dem Maß an Freiheit, die ich habe, um Themen oder Projekten nachzugehen, die mich interessieren. Das ist kein kleiner Luxus, aber doch kaum eine radikale Abkehr von einem normativen Lebensmodell.

Mir fällt auf, dass es zu der Frage, inwiefern eigene Entscheidungen das eigene Leben verändert haben oder eben nicht, einen siamesischen Zwilling gibt: Inwiefern haben eigene Entscheidungen das Leben anderer verändert?

Bebe. Meine Familie gab mir diesen Spitznamen schon früh, wohl noch als Kleinkind. In Punjabi kann Bebe Mutter, Großmutter, Urgroßmutter bedeuten. Meine Familie meinte es als Große Mutter; ich sei, witzelten sie, im Umgang mit meiner kleinen Schwester und anderen, Kindern wie Erwachsenen, übertrieben mütterlich. Ich war oft bei unserem Kindermädchen anzutreffen, wo ich mit ihren Babys »Mutter« spielte. Teils hatte dieser Impuls vielleicht damit zu tun, dass ich die Älteste unter uns Geschwistern war, teils ahmte ich vielleicht einfach meine Umgebung nach, teils war – oder wurde – er vielleicht mein Charakter. Als Mädchen gefiel mir die Rolle vermutlich deshalb, weil es die einzige war, bei der die Eignung einer Frau selten in Frage gestellt wurde, die ihr automatisch zugetraut wurde. Manchmal gelingt uns etwas voller Selbstvertrauen, nur weil es von uns erwartet wird.

Bis heute nennt mich meine Familie Bebe, und bis heute äußert sich dieser Teil von mir nirgends so deutlich wie meinen Verwandten gegenüber. Ich weiß, dass meine Schwester gereizt ist, wenn sie sagt: Okay, Bebe. Ich merke, dass meine Mutter die Nase voll hat, wenn sie sagt: Bebe weiß es besser. Ich sehe ein, dass ich in die Bebe-Rolle verfallen bin, wenn mein zwölf Jahre jüngerer Bruder sagt: Bekommt doch bitte eure eigenen Kinder, dann könnt ihr *denen* sagen, was sie zu tun haben. Bei aller Bebe-heit zögerte ich, Kinder zu bekommen, aus Angst, mich würde die Rolle, wie ich sie damals verstand, völlig aufzehren: die Mutter als Problemlöserin, Helferin, unermüdliche Betreuerin, die Mutter als Retterin. Zu diesem Zeitpunkt kannte ich bereits Frauen, die das Leben als Mutter und daneben vieles mehr zu bewältigen schienen, doch das beruhigte mich nicht. Auch war ich nicht überzeugt, als mein Mann sagte, er würde weniger arbeiten, um sich mehr um die Kinder zu kümmern: Würde ich ihn überhaupt lassen können? Manchmal ist die Rolle, für die wir gemacht zu sein scheinen, womöglich nicht die beste.

Du musst Kinder bekommen, sagte Mumji immer zu mir, ohne Kind ist eine Frau unvollständig. Du musst keine Kinder bekommen, sagte meine Mutter immer, du kannst die Welt einfach bemuttern. Ich bin nicht sicher, was die beiden gemeint haben. Sind wir nicht alle immer vollständig und zugleich unvollständig? Was das »Muttersein« betrifft – Mutter von einem, allen, keinem –, ist die Aufgabe nicht immerzu komplex, ob du nun eine Bebe bist oder nicht?

Ich habe heute mehr Gründe dafür, kinderlos zu bleiben, als mit Mitte dreißig, als ich die Entscheidung traf. Manchmal wachsen wir in Entscheidungen hinein und verstehen und erzählen sie besser, je länger wir sie leben. Ich kann sagen: Der Verzicht auf Kinder schien mir angesichts der Klimakrise ethisch geboten. Ich kann sagen: Der Verzicht auf Kinder ließ mir mehr Zeit zum Schreiben und für mein politisches Engagement. Ich kann sagen: Der Verzicht auf Kinder hat mich politischer werden lassen. Ich kann sagen: Der Verzicht auf Kinder zwang mich, nach anderen Formen von »Familie« zu suchen. Ist das Weisheit oder Selbstschutz? Das frage ich mich manchmal und ertappe mich dann beim Versuch, das Leben abzuwägen – dieser unmögliche, sinnlose Versuch, das, was nicht war, mit dem, was ist, zu vergleichen. Hätte ich auf diese oder jene Weise womöglich »mehr« gehabt?

Nicht genug haben, mehr wollen – das sind die Kennzeichen des Kapitalismus, und »alles haben« ist der Gipfel einer Geisteshaltung, die das Leben als potenziell endlose Glückssträhne postuliert. Der Appell, »alles zu haben«, verfestigt an sich schon die Ungleichheit, da sein Versprechen niemals für alle eingelöst werden kann. Wer darauf besteht, dass es nicht nur wünschenswert, sondern auch machbar ist, »alles zu haben«, sollte das Ziel zumindest relativieren: Man kann vielleicht alles haben, aber nicht alles auf einmal. Denn in Wahrheit kann niemand – keine Frau, kein Mann – in jedem Moment als Arbeiter*in, Mutter, Vater, Ehefrau, Ehemann, Geliebte*r, Freund*in, Bruder, Schwester, Bürger*in, Kollege*in, Kind glänzen – und darüber nicht verrückt werden. Verschiedene Rollen und Verantwortlichkeiten haben in verschiedenen Lebensphasen Vorrang, und das bedeutet, dass bestimmte Aspekte von uns, Teile unseres Lebens eine Weile lang, manchmal lange Zeit, manchmal für immer vernachlässigt werden. Außerdem: Was bedeutet »alles«, wenn die Arbeit von Frauen noch immer weniger wertgeschätzt und schlechter bezahlt wird als die der Männer? Was ist so toll daran, das alles für weniger zu machen? Nichts davon zu honorieren bedeutet, Frauen die Last aufzubürden, nach einem unerreichbaren Fantasiedasein zu streben und sie so auf andere Weise zu unterdrücken – zumal da »alles haben« natürlich bedeutet, alles wirklich gut zu können, wobei »gut« an den üblichen Insignien gemessen wird: Beförderungen, Gehaltserhöhungen, materielle Güter, ein lächelnder Partner, glückliche Kinder. Die tyrannische alte Vorstellung davon, was eine Frau rein physisch alles zu verkörpern habe – etwa schlank *und* kurvenreich zu sein –, wird auf eine noch breiter gefasste und zugleich noch beengendere Vorstellung davon ausgeweitet, wie sie ganz allgemein sein sollte. Und wir reden hier definitiv von *sollte*, nicht *könnte*, denn zumindest in den westlichen Ländern ist dieses Ideal inzwischen so allgegenwärtig, dass es eine Art Konsens darstellt. Frauen, die versuchen, dieses Ideal zu erfüllen, legen notgedrungen Eigenschaften an den Tag, die traditionell mit Männern assoziiert werden: Konkurrenzdenken, Rücksichtslosigkeit,

Aggressivität. Vielleicht gelten viele der erfolgreichsten Frauen in der »Alles-haben«-Gussform aus diesem Grund als »männlich«. Doch sobald bestimmte Verhaltensweisen es einem ermöglichen, in einem bestimmten Umfeld voranzukommen, dann legt, wer erfolgreich sein will, diese Verhaltensweisen an den Tag – je nach Charakter mehr oder weniger natürlich.

Es gibt Frauen mit Lebenspartnern – teilweise offenbar aufgeklärten Männern, die ihre Frauen in vielem unterstützen –, die sagen: Was die Kinder angeht, ist meine Nanny mein Mann. Frauen, die sagen: Ohne meine Nanny hätte ich dieses Buch nie schreiben / diese Arbeit nie erledigen / keine Pause einlegen können. Frauen, die sagen: Ich weiß nicht, wie ich ohne meine Nanny zurechtkommen sollte. Die Nannys sind fast immer andere Frauen (die höchstwahrscheinlich nicht »alles haben« und es auch nie haben werden). Bei weniger wohlhabenden Frauen springen oft weibliche Familienmitglieder unterstützend ein. Hinter jeder erfolgreichen Frau, so scheint es, steht eine ganze Reihe anderer Frauen, die auf eine Weise Hand anlegen, wie es die meisten Männer, selbst die fortschrittlichsten, noch immer nicht können oder wollen. Im besten Fall sagen diese Männer: Mir ist klar, dass ich mehr helfen muss. Was sie erst noch begreifen müssen: Es geht nicht darum, mehr zu helfen – es geht darum, dass sie ihren gerechten Beitrag leisten! Es geht um einen grundlegenden Wandel im Verständnis von Rollen und Verantwortlichkeiten.

In ihrem Buch *Das Glücksversprechen* untersucht Sara Ahmed, »inwiefern Glück/lichsein mit einigen Lebensentscheidungen verbunden ist, anderen hingegen nicht, inwiefern Glück/lichsein als etwas betrachtet wird, das aus einer bestimmten Art von Mensch resultiert«. In Zeiten schwindender natürlicher Ressourcen und wachsender sozialer Ungleichheit wird »alles zu haben« nach wie vor unkritisch als größter Erfolg gepriesen, als Wundermittel der Erfüllung. Ist dieses Ziel auch unerreichbar, so hält sich doch der

Glaube, dass allein schon der Versuch glücklich machen soll – schließlich lautet die Alternative, weniger zu haben, und im kapitalistischen Wertesystem bedeutet weniger schlechter. Das Streben danach, »alles zu haben«, bringt offenbar mehr Opfer als Erfolgsgeschichten hervor, und doch bleibt es in der Debatte über mögliche weibliche Lebensformen der Königinnenweg. Alles zu haben, bedeutet ständiges Zugreifen, pausenloses Anhäufen, doch der Tatsache, dass ein solcher Ansatz unweigerlich das Ausblenden anderer mit sich bringt, wird kaum Beachtung geschenkt.

Alles haben zu wollen bedeutet, in einem schizophrenen Kreislauf von Verzicht und Ausbeutung gefangen zu sein. Mit »du kannst alles haben« sagt die Gesellschaft letztlich nichts anderes als: Sei perfekter.

Männer hatten nie »alles« (oder erweckten nicht den Eindruck, es zu wollen – ganz bestimmt nicht, bis vor kurzem, den häuslichen Part), auch wenn viele sicherlich verdammt viel hatten und es sehr viel leichter bekamen. Doch unter dem Druck, auf herkömmliche Weise mächtig, potent, ein Versorger zu sein, verzichteten viele Männer auf Verwundbarkeit, Zärtlichkeit, Familie und, was vielleicht am bedeutsamsten ist, darauf, regelmäßig die Perspektive zu wechseln. Letzteres mussten – müssen – Frauen ständig tun, da sie sich zwischen Mutterschaft und Lebensunterhalt, aber auch darüber hinaus, in sehr unterschiedlichen, ja gegensätzlichen Erfahrungsbereichen bewegen.

Es gibt einen verblüffenden Moment in Rachel Cusks Adaption von Euripides' Stück *Medea*, als Aigeus zur verratenen, verlassenen, verzweifelten Heldin sagt: »Männlichkeit ist solch eine – Sackgasse. Es ist besser, du zu sein, trotz allem.« Ein Echo dieser erstaunlichen Behauptung findet sich auch im letzten Buch ihrer *Outline*-Trilogie, in dem eine Fernsehmoderatorin sagt: »Es gibt nichts Schlimmeres, als ein durchschnittlicher weißer Mann von durchschnittlicher Begabung und Intelligenz zu sein, denn selbst die unterdrückteste

Hausfrau ist dem Drama und der Poesie des Lebens näher als er. Immerhin erlebt sie aus mehr als einer Perspektive.« Über den Gedanken lässt sich streiten, aber zweifellos lohnt es sich, ihn im Hinterkopf zu haben, besonders in einer Zeit, in der die Politik mit der toxischen Hochspannung mittelmäßiger Männer aufgeladen ist, die sich ganz dem Rausch ihres eigenen Ein-Thema-Kampfes hingeben: Angst und verletzter Stolz aus der wachsenden Erkenntnis heraus, dass sie dabei sind, ihren langwährenden, oft unverdienten Status zu verlieren.

Jessa Crispin sagt, dass wir zu unseren Lebzeiten »nicht so leben werden, wie Männer gelebt haben«. Sie hat recht, und das liegt nicht nur am Fortbestehen patriarchalischer Strukturen oder der Unnachgiebigkeit der menschlichen Natur oder den Fallen des Herzens. Es liegt daran, dass derzeit so viele andere soziale und ökologische Faktoren noch dramatischer auf dem Spiel stehen. Fakt ist: Niemand von uns, ob Mann oder Frau, kann so weiterleben wie bisher.

Greta Thunberg sagt: »Je mehr ich über die Klimakrise erfahre, desto deutlicher wird mir bewusst, wie entscheidend der Feminismus ist.« Sie sagt: »Würden wir nachhaltiger leben, wären die Menschen gleichberechtigter. Es gäbe keine derart großen Unterschiede im Lebensstil der Menschen, und alle würden im Rahmen der Möglichkeiten unseres Planeten leben.«

Gibt es eine Form des Feminismus, die uns zu einer nachhaltigeren Spezies machen könnte? Oder könnte uns ein nachhaltiges Leben weniger sexistisch machen? Vielleicht stimmt beides – oder nichts davon.

Zwei große wissenschaftliche Studien in Europa zeigen, dass Männer im Durchschnitt einen größeren CO_2-Fußabdruck haben als Frauen, vor allem wegen ihrer Reisen und ihrer Ernährung: Sie nutzen häufiger Autos und Flugzeuge und essen mehr Fleisch. Allein auf den Verkehr bezogen verbrauchen Männer zwischen siebzig und achtzig Prozent mehr Energie als deutsche und norwegische Frauen, hundert Prozent mehr als Schwedinnen und bis zu dreihundertfünfzig Prozent mehr als Griechinnen. Nach Ansicht der Forschung lasse sich der Unterschied künftig ausgleichen, »soweit es die Chancengleichheit den Frauen erlaubt, die Karriereleiter hinaufzusteigen, während die Männer mehr Pflichten im Haushalt übernehmen«. Diese Version von »Chancengleichheit« impliziert, dass wir womöglich alle irgendwann die gleichen Chancen haben, die Ressourcen der Erde auszubeuten und den Planeten zu verschmutzen.

Welche anderen Formen könnte das feministische Leben annehmen? Welche Schritte könnten einen Kampf definieren, der kein Einzelwettbewerb im K.-o.-System ist, sondern eine Und-jetzt-alle-Aktion, eine kreative gemeinsame Geistesanstrengung? Wie können wir, um es mit James Baldwin auszudrücken, von Macht in anderen Begriffen träumen als in den bestehenden Machtsymbolen?

Wenn es zur Solidarität dazugehört, aktiv auf Bedürfnisse und Interessen anderer Rücksicht zu nehmen – so wie wir auf eigene Bedürfnisse und Interessen Rücksicht nehmen –, dann geht wahre feministische Solidarität noch weiter: Sie erfordert die Bereitschaft, fest verankerten Interessen zuwiderzuhandeln, welche die eigenen geprägt und befördert haben. Feministische Solidarität ist insofern bedingungslos, als sie sich den Bedingungen je nach Anlass und Kontext anpasst. Es ist eine radikale Solidarität, die ein viel größeres Bedürfnis anerkennt, das Bedürfnis, wie Judith Butler sagt, »im Kampf für gesellschaftliche, politische und wirtschaftliche Gerechtigkeit unbequeme und unvorhersehbare Bündnisse einzugehen. Nur in solchen Bündnissen und durch sie lässt sich die stärkste Form von Macht erlangen: die außerordentliche Macht der, in den Worten Hannah Arendts, »niemals ganz zuverlässigen und immer nur zeitweiligen Übereinkunft vieler Willensimpulse und Intentionen«. Es ist eine riskantere Macht, umso mehr, als sie sich selbst aufs Spiel setzt. Es ist eine plurale Macht, bestehend aus und getragen von vielen, in immer neuen Konstellationen. Als solche könnte sie es wagen, sich in neuen und überraschenden Formen auszudrücken und zu manifestieren, nicht im eitlen, egoistischen, erniedrigenden männlichen Modus, der lange regiert hat.

Sowohl Arendt als auch Butler begreifen, dass wir uns nicht nur miteinander verbünden, sondern auch einen Weg finden müssen, miteinander zu leben. Butler sagt: »Eine Politik der Allianz beruht auf und bedarf einer Ethik der Kohabitation.« Für Arendt hängt dieses Miteinander von einer gewissen physischen Nähe ab. Sie sagt: »Nur in einem Miteinander, das nahe genug ist, um die Möglichkeit des Handelns ständig offen zu halten, kann Macht entstehen.« Doch körperliche Nähe allein ist keine hinreichende Voraussetzung mehr für Macht. In unserer vernetzten, verflochtenen Welt hängt die Macht, durch das eigene Handeln tatsächlich etwas zu bewirken, zugleich von einer anderen Art von Nähe ab: der Intimität gemeinsamer Interessen und Ideale. Internationale Frauenstreiks sind ein Beispiel für die Manifestation einer solchen Macht, ebenso jede einzelne humanitäre Intervention von Bürger*innen, die eine Strafanzeige riskieren, um Migrant*innen und Geflüchteten die Einreise in Länder zu ermöglichen, die ihnen diese verweigern wollen. Solche Akte des zivilen Ungehorsams können den Boden erschüttern, auf dem die Privilegiertesten stehen, ohne einen Gedanken an die Geplagten zu verschwenden. Auf ihre Art sind sie beispielhaft für me-too-artiges Handeln. Sie sagen: Auch ich weigere mich, die Dinge so zu akzeptieren, wie sie sind.

Damit sich auf unserem angeschlagenen Planeten Gerechtigkeit einstellt – für alle Menschen, aber auch für alle anderen Tiere und Pflanzen, mit denen wir diese Erde teilen –, ist es notwendig, dass manche von uns weniger akzeptieren, andere auf mehr verzichten. In diesem Zusammenhang muss der Feminismus den Versuch darstellen, die Sphäre der Sympathie auszudehnen, die Visionen davon auszuweiten, wer wir sind, wen wir in den Zirkel des Verstehens und die Räume der Macht hineinholen. Statt darum zu kämpfen, »alles zu haben«, sollten wir danach streben, »alles zu teilen«.

Was, wenn sich mehr von uns dem Beispiel der streikenden Frauen anschließen und sagen würden: In der Fabrik, im Büro, in der Universität, im Geschäft gehe ich so lange früher, bis ich das verdiene, was ein gleichqualifizierter Mann für die gleiche Arbeit bekommt? Was, wenn mehr Männer sagen würden: In der Fabrik, im Büro, in der Universität, im Geschäft gehe ich so lange früher, bis die Frauen hier das verdienen, was ein gleichqualifizierter Mann für die gleiche Arbeit bekommt?

Was, wenn mehr Männer sagen würden: Ich entscheide mich für eine Karriere als Krankenpfleger – Kindergärtner, Kinderbetreuer, Altenpfleger – und werde alles dafür tun, dass diese Jobs ein höheres Ansehen genießen und besser bezahlt werden?

Was, wenn wir sagen würden: Es gibt kostenlose Kinderbetreuung für alle, und in den Tagesstätten arbeiten nicht nur Frauen, sondern auch Männer aus allen Altersgruppen und mit ganz unterschiedlichem Hintergrund? Was, wenn zugleich je ein Jahr bezahlte Elternzeit für Männer und Frauen gesetzlich festgelegt würde, wobei je sechs Monate davon für beide obligatorisch wären? Was, wenn die Menschen für die Inanspruchnahme der vollen Elternzeit, für die Investition von Zeit in die Zukunft eines anderen Menschen höhere Prämien erhielten als für den Handel mit Terminkontrakten?

Was, wenn unsere Gesellschaft sagen würde: Alle sind verpflichtet, bezahlten Sozialdienst zu leisten? Ein Jahr am Ort des Wohnsitzes, ein halbes Jahr im Ausland, ein halbes Jahr an einem Ort nach Wahl. Der erste Teil als Teenager, der zweite zwischen zwanzig und dreißig, der dritte später – mit vierzig, fünfzig oder sechzig. Was, wenn ein Teil dieses Sozialdienstes in Kindertagesstätten, Altersheimen, Tierfabriken, Naturparks, auf Bauernhöfen geleistet werden müsste?

Was, wenn diese Liste, dieser Versuch, sich Alternativen vorzustellen, dem Kapitalismus den Laufpass zu geben, in Wirklichkeit noch immer völlig vom kapitalistischen Denken begrenzt ist? Was, wenn jede dieser Zeilen auf irgendeine auch indirekte Weise den scheußlichen, unzählige Male zitierten Satz bestätigt, dessen genauer Ursprung unbekannt ist: Es ist leichter, sich das Ende der Welt vorzustellen als das Ende des Kapitalismus?

Was, wenn die Regierungen sagen würden: Führen wir ein Allgemeines Pflegeeinkommen ein, ein Gehalt für alle, die sich um ein Kind, eine kranke Verwandte, einen kranken Ehepartner, um alte Eltern, eine verletzte Freundin, einen benachteiligten Fremden kümmern? Wer sich langfristig verpflichtet, einen anderen Menschen zu pflegen oder zu unterstützen, dessen Wohlergehen von Hilfe dieser Art abhängt, hat Anspruch auf dieses Gehalt, und die Summe ist nicht so bescheiden wie die Vorschläge für ein bedingungsloses Grundeinkommen – rund tausend Euro oder Dollar pro Monat –, sondern zwei-, drei-, fünfmal so hoch. Vielleicht würde Pflegearbeit – die unverzichtbare Grundlage einer gesunden, gedeihenden Gesellschaft – dann endlich anders wahrgenommen werden, und mehr Menschen würden ihren unschätzbaren Wert erkennen.

Was, wenn mehr Institutionen sagen würden: Die erste Runde im Bewerbungsverfahren erfolgt anonym, die Gehaltsstrukturen sind transparent, und im Vorstand müssen mehr Frauen als Männer sitzen? Vielleicht müssen wir nicht hundert Jahre oder länger darauf warten, dass sich der Pay Gap schließt.

Was, wenn mehr von uns sagen würden: Ich kaufe nicht bei Unternehmen, die Menschen oder die Umwelt ausbeuten? Und sagen: Ich werde weniger konsumieren, Punkt.

Was, wenn mehr von uns sagen würden: Die Mitgliedschaft in politischen Parteien und die Parteienführung sollte geschlechtergerecht und diverser sein – und wir stimmen für keine Parteien, die nicht nach diesen Grundsätzen arbeiten?

Was, wenn Nachrichtenredakteur*innen sagen würden: Kehren wir den historischen Trend um, stellen wir den Status quo auf den Kopf: Eine Weile lang werden Titelseiten, führende Blätter zur intellektuellen Spielwiese von Frauen und Minderheiten – sie bestimmen die Themen, den Blickwinkel, die Botschaft?

Was, wenn an den Schulen mehr Lehrer*innen sagen würden: Betrachten wir die Rolle von Frauen in unserer Vergangenheit, befassen wir uns mit unseren historischen Beziehungen zu anderen Ländern, denken wir darüber nach, wen wir gefeiert oder abgewiesen haben, was wir verehrt oder verteufelt haben, wo wir andere ausgebeutet oder uns Dinge angeeignet haben, überlegen wir, wie wir zu dem wurden, was wir sind, weshalb wir noch immer so handeln, wie wir es tun?

Was, wenn religiöse Führer sagen würden: Gott ist – war schon immer – genauso eine Frau? Unsere Messiasse und Propheten sind nicht allein Männer, es sind Frauen oder vielleicht beides – oder mehr.

Was, wenn mehr Führungskräfte unmissverständlich sagen würden: Ich möchte – dieses Land, dieses Unternehmen, diese Institution – gemeinsam mit anderen leiten? Was, wenn wir zugäben, dass Führung keine Einzelleistung ist – es auch nie war –, sondern vielmehr das Ergebnis einer kollektiven Anstrengung, für das ein Mann häufig die Lorbeeren erntet und nur gelegentlich die Schuld auf sich nimmt? Was, wenn einige Führungskräfte beschließen würden, ihren Posten eine Zeit lang mit einer anderen Person zu teilen, mit jemandem, der ihnen ganz ähnlich ist oder aber einer anderen Generation, einem anderen Geschlecht, einer anderen Klasse oder *race* angehört – bei gleicher Bezahlung?

Was, wenn politischen Parteien, und damit Länder, das Prinzip der Doppelspitze einführten – immer ein Duo aus verschiedenen Geschlechtern?

Was, wenn Außenminister*innen sagen würden: Während meiner Amtszeit lade ich alle sechs Monate jemanden aus einem anderen Land und mit einem anderen Hintergrund ein, um gemeinsam mit mir die Politik zu gestalten?

Was, wenn Familienminister*innen sagen würden: Verheiratete Paare mit Kindern sind nicht die Einzigen, die in den Genuss von finanziellen Zuschüssen, Steuervergünstigungen und rechtlichen Vorteilen kommen – alle langfristigen Formen des Zusammenlebens und eines nachhaltigen Gemeinschaftslebens werden anerkannt und gefördert?

Was, wenn Wirtschaftsminister*innen sagen würden: Umweltgruppen, Gewerkschaften und Rechtsaktivist*innen erhalten mehr Zeit, ihre Argumente vorzubringen, als Industrielobbyist*innen?

Was, wenn Arbeitgeber*innen weltweit sagen würden: Die Löhne werden so angepasst, dass sie den gesellschaftlichen und ökologischen Wert der Arbeit widerspiegeln? Was, wenn Boni Beiträge, Erfindungen oder Aktionen zur dramatischen Verbesserung des Wohlergehens des Planeten oder seiner Bewohner*innen widerspiegelten?

Was, wenn wir sagen würden: Führen wir das Wahlrecht für alle von Geburt an ein! In welcher Weise würde das wohl unser Verständnis davon beeinflussen, worum es bei Wahlen geht, wer für wen entscheidet, wann ein Mensch mitbestimmen darf?

Bei einem Kampf, beim Gewinnen geht es nicht nur um Unterwerfung, Schwächung, Zerstörung. Erfolgreich zu kämpfen bedeutet, innezuhalten, Fragen zu stellen, zuzuhören, zu verändern, solidarisch stillzustehen. Der feministische Kampf jedenfalls ist keiner, den wir mit Blick auf einen unmittelbar bevorstehenden Sieg aufnehmen. Wir kämpfen, weil nur so ein einigermaßen anständiges Leben möglich ist. Wir kämpfen im Wissen darum, dass die eigene Arena nur ein winziger Fleck in einem Kampf an unzähligen Fronten ist. Wir kämpfen, weil wir wissen, dass wir, selbst wenn es gut läuft, immer im Training bleiben müssen – wir passen uns an, bauen Kraft auf, feilen an Stellungen und Bewegungen in dem sich ständig weiterentwickelnden Unterfangen namens Feminismus. Wir kämpfen im Wissen darum, dass jeder Schlag zum eigenen Vorteil einer anderen Sache dienlich oder hinderlich sein kann. Wir kämpfen, weil Beharrlichkeit der einzige Weg ist, das erbarmungslos lauernde Risiko einer Niederlage zu bekämpfen.

SUBJEKTE DER BEGIERDE

Wir fangen etwas an; wir schlagen unseren Faden in ein Netz der Bezie-
hungen. Was daraus wird, wissen wir nie. Das gilt für alles Handeln. Ein-
fach ganz konkret, weil man es nicht wissen kann. Das ist ein Wagnis.
Und nun würde ich sagen, daß dieses Wagnis nur möglich ist im Vertrau-
en auf die Menschen. Das heißt, in einem – schwer genau zu fassenden,
aber grundsätzlichen – Vertrauen auf das Menschliche aller Menschen.
Anders könnte man es nicht.

HANNAH ARENDT

Ich brauchte keinen Spiegel, sagtest du, weil all die anderen Frauen mich spiegelten.

Neununddreißigfach du-ihr-ich-wir. Neununddreißig und mehr Versionen von uns, geschminkt, verkleidet wie nie zuvor und vielleicht nie wieder. Vielheit.

Du du du du du du du du du du du du du du du du du du du du du du du du du du du du du du du du du du du du du ihr.

Singular und Plural. Solo und Chor.

Ich war in allen enthalten, sagtest du, und alle in mir.

Neununddreißig Frauen jeden Hintergrunds und Alters – von Teenagern bis über achtzig – kommen an einem Set zusammen. Frauen, die bereits – direkt oder mittelbar – untereinander verbunden sind. Frauen, die das gemeinsame Bemühen verbindet, neue Möglichkeiten in der Welt zu gestalten: neue Formen des Lebens, Sehens, Teilens – neue Formen des gemeinsamen Wagens. Frauen, die in ihrem Denken und Handeln *Visionen* verkörpern – und keine *Repräsentationen* darstellen. Frauen, die bereits von einer anderen Zukunft künden. Diese Frauen betreten das Epizentrum der Mode und nutzen dessen Kraftfeld, um Bilder zu schaffen, die ihre Erfahrungen und Allianzen zeigen, Bilder, die aus einem Verständnis von Solidarität als Schönheit entstehen.

Was wirst du anziehen?, sagte meine Mutter, als ich ihr erzählte, dass ich in einer Modezeitschrift zu sehen sein würde, wobei ich betonte, dass ich mit achtunddreißig anderen Frauen versuchen würde, diesen Raum subversiv zu bespielen. Was wirst du anziehen?, hat meine Mutter mich schon oft gefragt, wenn etwas Außergewöhnliches anstand. In Wirklichkeit fragte sie: Was wirst du sagen – über dich, die Veranstaltung, andere Anwesende? Kleidung muss zum Anlass passen, kann ihn sogar zu einem Ereignis machen – das verstand ich schon als Kind, weil meine Mutter immer dafür sorgte, dass wir uns fein machten – für Geburtstage, sonntägliche Mittagessen, einen Besuch bei Verwandten, ein Essen im Restaurant. Während meine Geschwister, mein Vater und ich bei diesen Gelegenheiten schicker als sonst waren, änderte sich das Aussehen meiner Mutter nur um Nuancen – prächtigere Stoffe, funkelnderer Schmuck, edlere Schuhe. Sie sah immer glamourös aus, fiel auf. Sie war die Mutter, die in pinkfarbenen Schuhen mit passender Handtasche am Schultor wartete, die zum Sporttag in High Heels erschien. Ja, Kleidung kann eine Veranstaltung zum Ereignis machen, sie kann aber auch für Verwicklungen sorgen. Wer zu einem Treffen deutlich under- oder overdressed auftaucht – absichtlich oder nicht –, stimmt einen schiefen Ton an, schickt ein schrilles Kräuseln durch die Kleiderrhythmen.

Susan Sontag sagte: »Weiblich sein, so eine allgemein verbreitete Definition, *heißt* attraktiv sein oder sein Bestes tun, um attraktiv zu sein; um anzuziehen. Während es durchaus möglich ist, diesem Imperativ zu trotzen, so ist es einer Frau doch nicht möglich, sich seiner unbewusst zu sein.«

Das war mir schon früh bewusst. Dennoch widersetzte ich mich diesem Imperativ mitunter – nicht aus einer gründlich durchdachten Haltung heraus, sondern aus Verwirrung darüber, wer ich war, wer ich sein sollte oder sein könnte. Daraufhin änderte meine Mutter ihre Taktik: Du selbst bist der Anlass, sagte sie. Du machst es für dich, sagte sie. Für sie war Kleidung eine Sprache, die Sprache, die sie fließend wie keine andere beherrschen sollte. Wäre ihr Stil ein Satz, er wäre lang, abschweifend; mit Farbkommas und Ohrringpunkten versehen. Einer dieser Sätze, die man langsam aufnimmt, noch einmal liest, nachzuahmen versucht.

Ich habe das Modegespür meiner Mutter immer bewundert, ich selbst aber wollte mich am liebsten nicht darum kümmern – oder besser gesagt, nicht damit belästigt werden. Wie befreiend es sein würde, irgendwann in einer Zeit zu leben, in der Jeans und Turnschuhe zu beinahe jeder Gelegenheit akzeptabel waren. Doch obwohl sich die Zeiten und Sitten wandelten und auch ich mich von außen betrachtet zu verändern schien, war ich tief in meinem Innern gar nicht so anders. Ein Bedürfnis, eine Gier nach Kleidung steckte in mir, ein Strang in der Doppelhelix, die in meinen Gedanken über Mode ein Muster bildete: Begehren und Misstrauen umwanden, umschlangen einander und wurden in regelmäßigen Abständen mit Neugier, Leidenschaft, Liebe, Hunger, Ehrgeiz, Verzweiflung verbunden.

Neununddreißig Frauen, ein gemeinsames Werk. Stellt euch vor, wie sich das anfühlen, wie es aussehen und klingen könnte.

So lautete die Einladung.

Eine Künstlerin sagte zu, 2020 die Januar-Ausgabe einer führenden Modezeitschrift zu kuratieren, unter der Bedingung, es gemeinsam mit anderen Frauen machen zu können. Sie sagte, es habe ein kollektives Unterfangen sein müssen, da es ihre grundlegende Idee für das Heft war, Frauen in bedeutsamen Beziehungen zueinander zu zeigen.

Bei Attraktivität geht es natürlich nicht allein darum, Aufmerksamkeit auf sich zu ziehen, Lust zu schüren oder ein rein ästhetisches Gefallen aneinander zu beschwören. Attraktivität kann komplexer sein: sich kleiden, um sich selbst Eigenschaften zu verleihen – Autorität, Macht –, die Respekt, Gehorsam, Achtung anziehen. Sich kleiden, um Neid hervorzurufen, zu überraschen, zu verunsichern, vorzutäuschen, auf Armeslänge zu halten, abzuwehren. Viel hängt davon ab, was man an sich ziehen möchte.

Ihre langen Sätze sorgten dafür, dass meine Mutter gut verhüllt war, beinahe verborgen, obwohl sie dazu gedacht waren, Blicke einzufangen und festzuhalten. Sie waren so sorgfältig, so kunstvoll um sie herumgeschlungen, dass man ihrer Erzählung von Selbstvertrauen und Ganzheit und Verwandlung Glauben schenken konnte.

Raum schaffen. So ließe sich das Œuvre dieser Künstlerin vielleicht zusammenzufassen. Umschaffen, neu schaffen, abschaffen. Welche Welt es auch sein mag – ein Raum, eine Leinwand, eine Meinung, ein Konzept –, sie verändert sie. Bäume verlassen ihre Stämme und ziehen acrylpsychedelisch nach drinnen um. *türkis-grau-rot* Räume verlieren ihre Ecken an ein kultiviertes Farbchaos. *orange-magenta-braun-grün* Malerei wird zu Skulpturen, Vorhängen, Paravents, Teppichen. *neon-weiß-violett* Disparate Objekte vereinen sich unter Pigmentdecken. *blau-gelb-pink-silber* Unerwartete Gemeinschaften von Ideen und Dingen, die allein durch das Auftragen von Farbe entstehen.

In ihrem Buch *Dressed* sagte Shahida Bari: Das Leben spielt sich in Kleidung ab. Für meine Mutter *ist* das Leben gewissermaßen Kleidung: Sie ist der Stoff, der Dinge geschehen lassen kann. So zumindest die Hoffnung, der Glaube. Ab und zu ist es vielleicht die Wirklichkeit. Ihr gesamtes Erwachsenenleben hindurch hat meine Mutter Kleidung entworfen und genäht, für sich selbst, für meine Schwester und mich. Eine Zeit lang hat sie Kleidung professionell angefertigt und verkauft. Bei niemandem war ich so aufgeregt, von dem Zeitschriftenprojekt zu erzählen, wie bei ihr, und niemand war so begeistert wie sie. Als sie sagte: Was wirst du anziehen?, wurde mir schlagartig klar, wie wenig ich bei dem ganzen Unterfangen an Bekleidung dachte. Es musste doch sicherlich alles vollkommen anders gedacht werden, damit die Kleidung aus dem

Magazin nebensächlich wäre? Es würde sich doch sicherlich in einer über Kleidungsstücke hinausgehenden Grammatik ausdrücken lassen? Keine Ahnung, sagte ich zu meiner Mutter, aber ich werde auf jeden Fall eines deiner Tücher tragen.

Für die Künstlerin stellen jeder Entwurf und dessen Installation Etappen eines ergebnisoffenen Nachsinnens über die Idee von Grenze, Rand, Begrenzung dar. Oft hat man etwas vor sich und meint, das sei alles, doch irgendwo in der Nähe findet sich vermutlich ein dazugehöriges (Kunst)Stück: dahinter, jenseits einer Wand, drei Räume tiefer, außerhalb des Gebäudes, auf dem Dach oder irgendwo anders, weiter weg, außer Sichtweite.

Donna Haraway sagte: »Das Setzen (Sichten) von Grenzen ist eine riskante Praxis.«

Diese Vision scheut sich nicht, Raum einzunehmen: Sie breitet und weitet sich aus – spielerisch, nachdenklich, rebellisch – und lädt zum Mitmachen ein.

Das englische Wort *fashion* ist nicht nur ein Substantiv, das einen populären Modestil bezeichnet, sondern auch ein Verb – *to fashion* –, das »etwas gestalten« bedeutet, sei es mit den Händen oder in der Fantasie.

In den Monaten vor dem Fotoshooting trafen wir uns in kleinen Gruppen in wechselnder Besetzung, um gemeinsam zu überlegen, welche Art Bilder unsere Verbundenheit zeigen würden, eine Verbundenheit, die über die Jahre aus zahllosen Treffen in immer wechselnden Konstellationen erwachsen ist; aus der beständigen Erweiterung des Bekanntenkreises; aus gemeinsamen politischen Kampagnen und sozialen Initiativen; Jahre, in denen einige von uns WIR MACHEN DAS mitbegründeten, eine NGO, die sich für Migrant*innen und Geflüchtete einsetzt; in denen wir einander dabei zusahen, wie wir uns veränderten und wuchsen, wie wir Erfolg hatten und scheiterten; Jahre, in denen wir liebten, was wir hatten, und Momente von Missfallen und Meinungsverschiedenheiten überstanden; in denen wir begriffen, dass Gespräche Freundschaften zwar festigen, dass es aber Taten sind, die sie womöglich noch tiefgreifender verändern; in denen wir uns nicht als Gruppe begriffen, weder unter uns noch öffentlich. Und nun würden wir etwas völlig anderes tun, einen Akt der Gestaltung, riskanter, aufschlussreicher.

Wie kann eine Gruppe von Frauen, die sich selbst als Feministinnen begreifen, mit einer Zeitschrift zusammenarbeiten, die in so vieler Hinsicht Sexismus, Rassismus und Kapitalismus verkörpert?

Ein Modemagazin ist eine Institution. Wie alle Institutionen hat sie Strukturen, Paradigmen und eine Geschichte. Bei bestimmten Magazinen ist die Geschichte in Form einer eigenen Bildsprache omnipräsent – definiert auf ihren Seiten, dann vielfach andernorts reproduziert, stets auf der Grundlage eines festgelegten Skripts. Was bedeutete es in einem solchen Kontext, »Carte blanche« zu haben?

Was auch immer man gestaltet – als Künstler*in oder Schriftsteller*in, als Architekt*in oder Gruppe –, am Ende zeigt es sich stets in einem größeren Rahmen: dem Rahmen der Galerie, des Geschäfts, der Stadt, des Landes, der Welt. Das Verhältnis zwischen gleich welchem Werk, seiner Präsentation und Rezeption ergibt eine Spannung, die höchst produktiv, aber auch reduktiv sein kann. Wie würden wir diese Spannung steuern? Wie viel Freiheit würden wir haben? Würden wir mutig genug sein und unsere Freiheit nach Belieben nutzen?

Judith Butler sagte: »Freiheit kommt nicht aus mir oder aus dir; sie entsteht als eine Beziehung zwischen oder eigentlich unter uns.«

Disrupt the Script, durchbrecht das Skript – diesen feministischen Slogan aus den 1990er Jahren nahmen wir auf. Natürlich ging es nicht einfach darum, das *star script* einer traditionsreichen Modezeitschrift zu durchbrechen, sondern auch unsere eigenen Skripte – als Gruppe und als Individuen. Für einen echten, dauerhaften Bruch braucht es Veränderung auf allen Seiten.

Angela McRobbie sagte: »Selbstverständlich ist die Modewelt eine fast vollständig feminisierte Branche. Von einigen wenigen Männern an der Spitze abgesehen, darunter die Chefs von Herstellerfirmen und Handelsketten, prominente Designer und Verleger, ist sie seit jeher eine Sphäre weiblicher Produktion und weiblichen Konsums. Allein deshalb *ist* Mode ein feministisches Thema.«

Das Skript ist ein globales Medienunternehmen, das einige der weltweit führenden Digital-, Video-, Social-Media- und Printmarken produziert, darunter auch eine Modezeitschrift. Das Skript ist eine Zeitschrift, vor über hundert Jahren erstmals erschienen, heute mit mehreren internationalen Ausgaben. Das Skript ist eine gut geölte Maschine, zu der Designer*innen plus Assistent*innen, Redakteur*innen plus Assistent*innen, Stylist*innen plus Assistent*innen, Fotograf*innen plus Assistent*innen, Models und immer noch mehr Assistent*innen gehören. Eine Maschine, die äußerst geübt darin ist, Frauen auf eine für-alle-jenseits-dieser-Seiten-unerreichbar-egal-was-ihr-kauft-oder-macht-Art als »perfekt« darzustellen. Das Skript ist die Geschichte einer Bildsprache, die alle Frauen dazu bringen will, westlichen Idealen von Schönheit und Begehren nachzueifern. Das Skript ist der Kapitalismus, der sagt: konsumieren und konsumiert werden.

Und du-ihr-ich-wir? Ins System Eingeschriebene, die sich davonstehlen, das Set umbauen, die Besetzung auswechseln, andere Rollen spielen, neue Texte aufsagen wollen.

Wie sehe ich aus?, fragte mich meine Großmutter, Mumji, unweigerlich bei jeder Begegnung. Es war das Gegenstück zu einer anderen Frage, die sie ebenso hartnäckig stellte: Was hast du gegessen? Letztere eröffnete ihr die Möglichkeit, einen zu füttern, zu mästen, zu verwöhnen – und sich dann im Appetit der anderen zu sonnen und jeden Bissen als Lob zu nehmen, selbst wenn alle sich den Bauch hielten, einen Nachschlag ablehnten und es bereuten, zu ihrem Festmahl zugesagt zu haben. Wie sehe ich aus?, bot den anderen die Chance, *sie* zu füttern, zu mästen, zu verwöhnen – mit Komplimenten, von denen sie nie genug bekam. Sie begehrte indes nicht nur Bewunderung, sondern Vergötterung. Ich sagte immer, was sie hören wollte: großartig, so jung. Das war zwar nicht gelogen, sie sah immer sehr gut aus, doch als ich älter wurde, war es auch nicht wirklich aufrichtig. Ich wollte mich nicht mehr darauf reduzieren lassen, über Aussehen zu sprechen, geschweige denn auf Verlangen zu schmeicheln. Ich verabscheute diese Bedürftigkeit, diese bizarre Überzeugung, außergewöhnlich schön und ewig jung zu sein. Mir missfiel ihre Fixierung auf das Äußere, die ich umso mehr verurteilte, als ich sie bis zu einem gewissen Grad geerbt hatte, so wie ich auch ihre Obsession für Essen geerbt hatte. Ich fragte mich, weshalb ich nicht einfach Milde walten lassen konnte: Was wäre so schlimm daran, ihrer Eitelkeit nachzugeben? Und doch konnte ich nichts, was mit ihrem Aussehen zu tun hatte, leichtnehmen, weil ich ihre Geschichte kannte, all das, was sich hinter ihrer Angewohnheit des Beäugens und Vergleichens verbarg. Ich wusste, dass sie den Schein wahren musste, um mit den Verletzungen, den Rissen klarzukommen, um sie sich vom Leib zu halten. Gut auszusehen war eine Möglichkeit, unversehrt zu bleiben. Und wenn sie am besten aussah, würden die anderen den Rest bestimmt übersehen, inklusive ihrer Vergangenheit, die – ob sie nun dafür verantwortlich war oder nicht – in den Augen der Community ihr allein gehörte. Der Schmerz, die Scham gehörten ihr, ganz gleich, wer noch daran beteiligt war, wer sie verursacht oder ihr zugefügt hatte.

Hast du einen Unterschied zwischen mir und den anderen *chachis* bemerkt?, fragte mich Mumji manchmal wie beiläufig nach einem Familientreffen und erwartete eine Liste all der Punkte, in denen sie sich physisch von den anderen Frauen ihrer Generation abhob. Warst du wieder im Urlaub?, mokierte sie sich. Sieh dir nur die Farbe deiner Haut an. Ständig diese Sonne, tut dir nicht gut! Würde irgendwer glauben, dass wir verwandt sind? Eine von vielen Fragen in einer langen Verhörtradition mit dem Wunsch, sich abzusetzen. Früher sagte sie bei Hochzeiten zu ihrem Kind – meiner Mutter, lange bevor sie meine Mutter war –: Wer ist schöner, die Braut oder ich? Bei Ausflügen oder größeren Feiern sagte sie zu der jungen Tochter: Siehst du, wie dein Vater andere Frauen ansieht und dann mich? Als die jugendliche Tochter eines Tages aufgewühlt nach Hause kam, weil eine Gruppe von Jungen sie belästigt hatte, sagte sie: Was? Wer würde dich denn ansehen, geschweige denn dir nachstellen? Als die Tochter ihr als erwachsene Frau enthüllte, was in ihrer Kindheit noch alles geschehen war, sagte Mumji: Wenn dem so ist, warum hast du damals nichts gesagt? Wie konntest du so normal aussehen? Warum sprichst du noch mit ihm? Später sagte Mumji: Wer weiß noch davon? Wie stehen wir jetzt da?

Irgendwann ging ich dazu über, auf Mumjis Wie-sehe-ich-aus einsilbig zu antworten: Gut, wie immer. Das gefiel ihr nicht. Was meinst du damit? Wie ist das möglich? Sie kam mit ihrem Gesicht zu mir heran, drehte den Kopf nach links und rechts, als wollte sie einen unwiderlegbaren Beweis erbringen. Ich versuchte, das Thema zu wechseln, nur um mir anzuhören, wie Unbekannte ihr gerade erst wieder auf der Straße Komplimente gemacht hatten, Ärzte nach ihrem »echten« Geburtsdatum fragten, Busfahrer ihr kein Seniorenticket verkaufen wollten.

Für ihr Buch *A Dialogue of One – Women, Mirrors and Identity* untersuchte Jenijoy La Belle siebenhundert literarische Werke. Ihr fiel auf, dass es nur wenige Szenen mit Männern und Spiegeln gibt.

Frauen, so fand La Belle heraus, werden oft so dargestellt, dass sie in den Weiten eines Spiegels nach dem suchen, was sie sind. Sie sagte: Alle Männer haben Gesichter, viele Frauen aber sind ihre Gesichter.

Etwas in mir rebelliert gegen diese Schlussfolgerung, auch wenn ich ihre Triftigkeit erkenne. Die implizite ungesunde Beziehung zwischen Frauen und Spiegeln ist ebenso konstruiert wie die literarischen Werke selbst, nur dass dieser Teil der Konstruktion – der durchaus einer gleichermaßen konstruierten Wirklichkeit entstammen kann – in und durch genau diese Wirklichkeit fortwährend reproduziert und geltend gemacht wird. Ich verstehe, was La Belle beschreibt, doch weiß ich auch, dass der Spiegel – silbern und genau, wie Sylvia Plath es sagte – nicht die machtvollste oder verlässlichste Reflexionsquelle ist. Während der Arbeit an der Zeitschrift sollte sich zeigen, wie viele andere Möglichkeiten es gibt, zu sehen und gesehen zu werden.

Du hast es am besten auf den Punkt gebracht, als du sagtest: Es gibt bessere Spiegel, und das sind die zugewandten anderen Menschen, in deren Blick sich der Raum auftut, in dem es sich leben lässt.

Soziolog*innen könnten es das Spiegelbild-Selbst nennen: das eigene Bild als etwas Wandelbares, Co-Gestaltetes, das nicht nur widerspiegelt, wie man sich selbst sieht oder wie andere einen sehen, sondern das auch dadurch bestimmt wird, wie man glaubt, in der Welt zu erscheinen. Das kann konstruktiv, aber auch beklemmend sein.

Doch gibt es Menschen, denen wir gegenübertreten und in denen wir uns ohne Verzerrung vergrößert, ohne Urteil verstanden, ohne Verdünnung vervielfacht, ohne Ausnahme akzeptiert wiederfinden. Bessere Spiegel.

Die Modebranche ist wie ein Spiegel im Märchen, bezaubernd und bedrohlich zugleich. Mir kommt sie vor wie eine Variation des Spiegels aus *Die Schneekönigin*, der alles verzerrt und nur das Schlimmste herausstellt. Der Großteil der Mode macht das Gegenteil, sie spiegelt eine auf »perfekt« gestylte Welt, in der für alle Subjekte bestimmte körperliche Proportionen gelten und in der alle Objekte – Kleidung, Accessoires, Urlaub, Kosmetik – dazu bestimmt sind, diese Perfektion zu erlangen und zu erhalten. Der Spiegel sagt: Kauf und sei cooler, sexyer, besser; kauf kauf kauf, um tausendmal schöner als sie alle zu sein.

Mit seinem unermüdlichen Optimierungsversprechen ist der Modespiegel die Umkehrung des Spiegels aus *Die Schneekönigin*, den man ins Himmelreich tragen wollte, auf dass auch dort alles scheußlich werde – doch er entwischte den Händen seiner Träger, stürzte hinab und zersprang in hundert Millionen Stücke. Einige der Stücke, so heißt es im Märchen, waren kleiner als ein Sandkorn und flogen in der Welt herum. Gerieten sie einem Menschen ins Auge, saßen sie darin fest, verkehrten den Blick und ließen diesen Menschen von allem nur die schlechte Seite sehen, denn jedem Stückchen Glas wohnte die Kraft des ganzen Spiegels inne. Der Modespiegel selbst ist nicht zerbrochen, was etwas über seine Macht und seine Möglichkeiten aussagt, hat es aber geschafft, das Selbstbild von Millionen Frauen zu brechen – empfinden sich die meisten beim Blick hinein doch unweigerlich als mangelhaft. Im schlimmsten Fall ist Mode der Splitter im Auge, der alles Gesehene entstellt.

Modisch zu sein bedeutet, einem vorübergehenden Ideal zu entsprechen und gleichzeitig zur Schaffung einer Art Standard, einer symbolischen Einheitlichkeit beizutragen. Gleichheit in der Mode ist nicht mit Gleichberechtigung zu verwechseln – klaffen innerhalb des scheinbar Gleichen doch unüberbrückbare Lücken in Form von Marke, Erschwinglichkeit und Qualität.

Vielfalt in der Mode kann für Individualität gehalten werden und wird es auch – tatsächlich wird derzeit Differenz zur Schau gestellt, als wäre es irgendein Trend. Diese Art individueller Abgrenzung wird oft mit Parität verwechselt. Doch nur weil sich alle irgendwie durch ihre Kleidung absetzen können, sind längst nicht alle automatisch auf Augenhöhe. Jedes Kleidungsstück ist anders codiert, und was es kommuniziert, hängt vom Kontext ab, in dem es getragen wird.

Mode hat wohl nur in dem Sinne eine ausgleichende Wirkung, als sie es allen – über Klassen-, *race*- und Geschlechterunterschiede hinweg (wenn auch immer noch überproportional den Frauen) – zunehmend aufbürdet, durch den Kauf von mehr Kleidung »modisch« zu sein oder zu bleiben. Das bedeutet oft, dass Style über Substanz, Neuheit über Nachhaltigkeit siegt.

Der McKinsey-Studie *The State of Fashion* 2020 zufolge entfallen auf den Textilsektor sechs Prozent der weltweiten Treibhausgasemissionen und zehn bis zwanzig Prozent des Pestizideinsatzes. Bei der Produktion verwendete Farbstoffe, Wasch- und Lösungsmittel verantworten ein Fünftel der industriellen Wasserverschmutzung und zwanzig bis fünfunddreißig Prozent des in die Meere strömenden Mikroplastiks.

Es gibt auch Gegenströmungen: mehr Second-Hand-Läden, Kleidervermietungen, Designer und Labels, die sich der Produktion nachhaltigerer und ethischerer Kleidung verschrieben haben. Doch diese machen nach wie vor nur einen Bruchteil der gesamten Branche aus. Und selbst wenn dieser Anteil wachsen, ja sogar Standard werden würde, gäbe es dann nicht weiterhin Überfluss und Verschwendung, bringt nicht genau das der Begriff »Industrie« mit sich?

In der Welt der Moderne, der Welt des Spektakels und der Massenkommunikation ist Mode unverzichtbar. Sie ist eine Art Bindegewebe unserer Strukturen, sagte Elizabeth Wilson in ihrem Buch *Adorned in Dreams – Fashion and Modernity*. Sie räumte ein, dass Sweatshops und Ausbeutung seit Jahrhunderten Teil der Bekleidungsindustrie seien. Sie sagte: »Mode drückt die Ambiguität eines Wirtschaftssystems aus, das Träume und Hoffnung produziert, aber auch Elend, Zerstörung und Tod.«

Was Wilson 1985 in ihrem Buch beschrieb, hat sich seither noch verschlimmert. Die Mode wurde schneller. Über dreißig Jahre später bildete ein anderes Buch, *Fashionopolis* von Dana Thomas, die Realität der Mode ab: Die Zahl derer, die den Traum leben konnten, hatte sich drastisch vervielfacht, ebenso die Zahl derer, die der Zerstörung zum Opfer fielen. Thomas sagte: Jeder sechste Mensch auf dieser Erde ist heute in der Modebranche beschäftigt. Nur zwei Prozent der Textilarbeiter*innen erhalten einen existenzsichernden Lohn, genug Geld also, um eine Familie zu ernähren, einzukleiden und ihr ein Dach über dem Kopf zu ermöglichen. Ein Kleidungsstück wird durchschnittlich siebenmal getragen, bevor es weggeworfen wird. Neunundneunzig Prozent der Kleidung wird nicht recycelt und der Großteil landet auf der Mülldeponie.

Diese Zahlen beziehen sich vor allem auf massenhaft produzierte High-Street-Mode, nicht auf die in den Hochglanzmagazinen gezeigte Designer-Kleidung – wobei diese beiden Welten eng, ja untrennbar miteinander verbunden sind. Die High-End-Version ist der Trendsetter, der Schrittmacher, dem andere folgen und den sie zu überholen versuchen.

Mumji legte mehr Wert auf das Gesicht als auf Mode, doch sie vernachlässigte auch die Kleidung nicht und hat mit Sicherheit nie ein einziges Stück ausgemustert. In dem Haus, in dem sie im Alter allein lebte, war jedes der drei Zimmer so etwas wie ihr eigener begehbarer Kleiderschrank. Stapelweise volle Koffer und prall gefüllte Schränke mit Saris, die zu ihrer Aussteuer gehörten, Shalwar Kamiz aus schlankeren Tagen, die ihr nie wieder passen würden, Outfits, die meine Mutter für sie entworfen und genäht hatte, für die sie endlose Ausreden erfand, um sie nicht zu tragen. Sie monologisierte über die Qualität ihrer alten Sachen, den hervorragenden Stoff und die Verarbeitung, die Strapazierfähigkeit – und häufig stimmte das auch.

Doch mit den Jahren trug sie diese Stücke immer weniger. Sie war eine der ersten indischen Frauen ihres Alters, in ihrer Community, die Hosen trug, und mit der Zeit zog sie westliche Kleidung vor. Sie war hingerissen von der Massenmode, von allem, was billig war und glitzerte. Mit über achtzig tauschte sie ihren Shalwar gegen Leggings, ihre Chunnis gegen mehrreihige Halsketten. Als ihr Mann starb, weigerte sie sich, mindestens ein Jahr lang Weiß zu tragen, wie es bei den Sikhs üblich ist. Sie, die Anweisungen anderer nie befolgte, am allerwenigsten jene meines Großvaters, mit dem sie sich bis zum Ende regelmäßig angelegt hatte, verkündete allen Ernstes, seinem einzigen Wunsch entsprechen zu wollen: immer gut auszusehen. Sie sagte: Er wollte nicht, dass ich Trauer trage; bunt gekleidet mochte er mich lieber. Ich ahnte, dass dieser Wunsch reine Erfindung war, doch gleichzeitig empfand ich dieselbe verblüffte Bewunderung, die ich ihr schon als junges Mädchen entgegengebracht hatte. Ich liebte sie leidenschaftlich dafür, dass sie zu tun wagte, was immer ihr gefiel, Traditionen ignorierte, schockierte und empörte Kommentare gleichgültig hinnahm. Sie ging in Gelb gekleidet zur Beerdigung.

Mode definiert nicht, sagte Elizabeth Wilson. Es ist vielmehr ein Begriff, der Definition verlangt.

Jede Definition setzt Grenzen, auch eine Neudefinition. Es liegt in der Natur der Sache, zu spezifizieren, auch wenn man ständig qualifiziert.

Bei der Zeitschrift, mit der wir uns zusammentaten, hatte es zuvor bereits zwei von Gästen kuratierte Hefte gegeben, in beiden Fällen von Männern: ein Modedesigner und ein Modefotograf. Noch nie hatte das Magazin eingewilligt, eine Schar von Frauen auf seinen Seiten machen zu lassen, was sie wollen. Warum jetzt?

Bis heute bringen Modemagazine eine immergleiche, homogene, hochauflösende Bildsprache hervor, die eine einzige Bedeutung durchsetzt: Nur so könnt ihr aussehen, gut aussehen, schön aussehen, nur so werdet ihr akzeptiert und bewundert. Auch wenn die Online-Portale dieser Magazine inzwischen eine breitere Palette von Gesichtern, Körperformen und Geschichten präsentieren, so halten sie doch weiterhin an der alten Orthodoxie von Schönheit fest, dem immerwährenden Lobgesang ihrer Print-Geschwister. Solange physische Schönheit die entscheidende Kategorie bleibt, ist eine gewisse Gleichförmigkeit der Bildsprache unvermeidlich.

Die Herausforderung, als neununddreißig von uns – du-ihr-ich-wir – den Boden absteckten, bestand darin, etwas festzulegen und dabei im Fluss zu bleiben.

Wir stellten uns das Shooting als Konferenz vor: Es würde Vorträge, Debatten, Lesungen und Filmvorführungen geben – und das alles in Haute Couture.

Wir stellten uns das Shooting als Telenovela vor, mit mehreren Hauptfiguren und Handlungssträngen, mit vielen Irrungen und Wirrungen, Szenen voller Wut und Prunk und allem dazwischen. Zuvor würden wir gemeinsam Storyboards schreiben, unsere Rollen einstudieren, das Magazin zu einer Bühne machen, auf der Hintergrund und Bühnenrand verschmelzen.

Wir stellten uns das Shooting als Ausdruck unseres Gefühls vor, dass in dieser für Männer konzipierten Welt nichts richtig passt:

Wir würden zu kleine, zu große, zu schräge Sachen tragen, uns in winzige Räume quetschen, Dinge überragen, Stoffe zerreißen, ein Feuer machen, Löcher in die Kleidung brennen, Sachen zerbrechen – die Spuren zeigen, die das Leben hinterlässt, wie es verformen, kleinmachen kann – und wie man es trotzdem ertragen, überwinden, daran wachsen kann.

Wir stellten uns das Shooting als Retreat vor, mit üppigen Festessen und müßig verstreichenden Stunden, in denen wir einfach in unserer Gesellschaft, den außergewöhnlichen Kleidern schwelgen würden.

Wir stellten uns das Shooting als Prozession vor, bei der wir uns gruppenweise für verschiedene Sachen einsetzen und mit Plakaten, gereckten Fäusten und erhobenen Köpfen über das Set strömen.

Wir stellten uns das Shooting als Labor vor, in der Mitte ein langer Seziertisch mit darauf ausgebreiteten Kleidungsstücken, die wir auseinandernehmen, untersuchen, um herauszufinden, wo sie hergestellt wurden, zu welchem Preis – auf wessen Kosten.

Wir stellten uns das Shooting ganz ohne Kleidung vor, wir alle würden uns nackt fotografieren lassen.

Wir stellten uns das Shooting als Karneval vor, mit Musik, Masken, Fantasiefiguren.

Wie sehe ich (aus)?
 Eine kosmetische Frage.
 Eine kosmische Frage.
 Eine in unzählige andere Fragen eingerollte Frage.
 Eine im Modekontext unvermeidliche Frage. Vielleicht in jedem Kontext unvermeidlich.

Ich sehe hin. Ich nehme Haut, Kleidung, Haare, Make-up wahr und verbiete es mir, weil es so oberflächlich ist. Dennoch betrachte ich diese Aspekte – voller Bewunderung oder Neid oder Entzücken oder Desinteresse – und versuche beim Sehen, meine Aufmerksamkeit davon abzulenken, mich auf andere Eigenschaften zu konzentrieren. Ich dachte, ich hätte mich darauf trainiert, häufiger unter die Oberfläche zu sehen, oder zumindest so zu wirken – auch auf mich selbst –, als sähe ich nicht hin, als würde mich nichts davon interessieren.

Shahidha Bari sagte: »Unsere Selbsterfahrung wird durch viele Dinge konturiert und skizziert, darunter auch Kleidung, und die Vorurteile, mit denen wir jedes Interesse am Aussehen ausblenden oder Kleidung ins Reich der Eitelkeit verbannen, stehen einem bedeutsamen Verständnis im Weg.«

Wie können wir über das Hinsehen hinauswachsen, wenn wir doch wissen, dass es kein »darüber« gibt? Jedes Subjekt und jeder Blick ist in historische Schichten verstrickt, in eine Fülle von Projektionen, Vorurteilen, Möglichkeiten und vor allem von Macht – sie vor allem bestimmt die Optik zwischen Sehenden und Gesehenem.

Ich habe die Freundin meines Bruders kennengelernt. Sie waren bereits seit einigen Jahren zusammen, jedoch von Heimlichkeit umwoben, weil einige Verwandte die Frau wegen »ihres Aussehens«, der dunklen Farbe ihrer Haut, nur widerstrebend als Partnerin meines Bruders akzeptierten. Ich mochte sie, schon lange bevor ich ihr persönlich begegnete. Wir hatten telefoniert, Fotos voneinander gesehen, Geschenke ausgetauscht. Als wir in Gesellschaft meiner Geschwister aufeinandertrafen, hatte ich das Gefühl, wir hätten einander schon immer gekannt. Es herrschte eine unmittelbare Wärme, Vertrautheit und Leichtigkeit – dachte ich. Mein Bruder erzählte mir später, seine Freundin sei anfangs sehr nervös gewesen, »vor allem wegen der Art, wie Priya mich ansah«. Was meinte sie damit?, fragte ich beschämt. Er zuckte mit den Achseln, lachte: Sie hatte den Eindruck, du nähmst sie unter die Lupe. Ich habe sie nur bewundert, stellte ich eilig klar, sie war so stylish, das ist mir aufgefallen ... Trotzdem sah ich plötzlich Mumji in mir, mit ihrem schweifenden Stalker-Blick, der sich in einen hineinbohrt, der beurteilt, etwas erwartet – ein wenig Anerkennung, ein wenig Wertschätzung als Salbe für ein verletztes Selbstbewusstsein.

Wie sehe ich (aus), fragte ich mich, dass mein Äußeres diesen Eindruck vermittelt? Was in meinem Blick bringt vielleicht etwas anderes zum Ausdruck?

In *Painting on the Page*, ihrem Buch über interartistische Verfahren, sagte Rosemary Geisdorfer Feal: »Sehen bedeutet immer zu interpretieren, Körper und Psyche einzubeziehen und etwas auszublenden, bewusst oder unbewusst.« Sie sagte: »Sehende werden beim Sehen ebenso so konstruiert, wie auch sie konstruieren, was sie sehen.«

In einem Interview hast du von einer prägenden Erfahrung als junges Mädchen während einer Kunstfreizeit erzählt. Du hast die erste Unterrichtsstunde geschildert, dein Staunen über das Malen im Freien und den Lehrer, dessen anschließende Bemerkung dich aufgewühlt und fortan nicht mehr losgelassen hat. Er sagte: Nun, du hast diesen einen Baum in deinem Bild, weil du sieben Stunden lang vor dem Baum gesessen hast. Aber weißt du was? Der Baum direkt hinter dir ist auch wirklich gut. Den kannst du auch mit ins Bild nehmen. Obwohl du ihn nicht siehst.

Wie sehe ich? Für eine Künstlerin hat diese Frage eine ganz andere Konnotation. Etwas zu schaffen bedeutet, sich zwischen Sichtweisen zu bewegen, sich auf das kaum Sichtbare zu konzentrieren, die Reichweite, die Perspektive, die Prämisse des Sehens zu verändern. Worte, Bilder sind auch eine Art Bekleidung, sie umhüllen unsere Träume, schneidern unsere Gedanken, zerschneiden die Wirklichkeit in Muster.

Wie sehe ich (aus)? Ein Schauplatz feministischer Debatten, abgesteckt durch eine Geschichte von Auseinandersetzungen darüber, was eine feministische Garderobe ausmachen könnte, einen feministischen Umgang mit Körperpflege, eine feministische Einstellung zum Körper, einen feministischen Blick.

Und unabhängig von allen feministischen Argumenten und Ansätzen besteht die Realität weiterhin darin, dass, wie Susan Sontag sagte, »Frauen nach ihrem äußeren Erscheinungsbild beurteilt werden, Männer nicht. Und Frauen werden mehr als Männer durch die Veränderungen bestraft, die das Altern mit sich bringt. Ein Mann«, sagte sie, »ist immer zu sehen. Frauen werden angeschaut.«

Mumji verrät ihr Alter nie und hasst es, wenn eine von uns in ihrer Anwesenheit über das eigene Alter spricht. Mit Verwandten, die es wagten, Mumjis »wahres« Alter zu nennen, ist sie in Streit geraten und hat sich mit ihnen entzweit. Mit Kenntnis der echten Zahl bestünde die Möglichkeit herauszufinden, was ihr wann mit wem, durch wen widerfahren ist. Mir selbst bedeutete die Zahl im Großen und Ganzen nichts; unter all dem, was sie erzählt oder eben nicht erzählt hatte, handelte es sich wohl allenfalls um ein winziges Detail. Die Zahl würde kaum etwas ändern, dachte ich. Sie aber wusste, dass die Zahl (missbräuchlich) gegen sie verwendet werden konnte – um zu richten, um Beschuldigungen zu erheben. Die Zahl bedeutete mein Wort gegen deines, seines gegen ihres. Diese Zahl war Macht – und an die sollte niemand kommen, auch wenn es für sie bedeutete, weniger zu haben. Als ihre Kinder selbst sichtbar älter wurden, versuchte sie, die Zeit auf andere Weise zu überlisten. Wer ist älter, ich oder meine Schwester?, fragte sie Kellner und zeigte auf sich und meine Mutter. Sie erzählte ihrer Pflegerin, ihr Sohn färbe sich die Haare grau, weil das bei Männern wohl gerade modisch sei. Verrückt, diese jungen Leute, lachte sie. In der Öffentlichkeit bezeichnete sie meine Schwester und mich als ihre Töchter, als könnte allein diese Aussage die dazwischen Geborenen auslöschen und von der Gegenwart ein halbes Jahrhundert abziehen.

Mumji schaute. Ihre Augen huschten unverhohlen über ihr Gegenüber, suchten es ab, als hätte sie in dessen Falten etwas verloren, was dringend geborgen werden musste. Mumji schaute und suchte, bewertete, beurteilte – mich, meine Mum, meine Schwester, meine Mum, alle Frauen, meine Mum, alle Männer, meine Mum – und zog sich selbst zum Vergleich heran. Alle kamen schlecht weg. Sie sah Hautschattierungen, wobei ihre Achtung proportional zu Blässe und Makellosigkeit stieg. Mumji schaute. Was sich unterhalb des Halses, hinter den Schläfen befand, hatte so gut wie keine Bedeutung. Tadellose Kleidung schön und gut, doch im Vergleich zum Gesicht zählte diese Schnittstelle zwischen Selbst und Welt wenig. *Was* benutzt du für dein Gesicht? Ihr Tonfall und die wandernde Betonung verrieten, ob ihre Worte als Kompliment oder als Kritik gemeint waren. Was *benutzt* du für dein Gesicht? Meine Schwester und ich erstickten an dieser Frage, vor Lachen, vor Wut. Meine Mutter wurde immer kleiner. Was benutzt du für dein *Gesicht*? Meine Schwester und ich blafften zurück, witzelten, ignorierten die Frage. Meine Mutter blieb stumm. Was benutzt du für dein Gesicht? Mumji starrte uns an und suchte doch nur nach einer einzigen, perfekten Version ihrer selbst. Sie war zufrieden, wenn ihr das, was sie sah, gefiel, weil es positiv auf sie abfärbte, doch niemand sollte zu gut aussehen – aus Furcht, ihr würde weniger Aufmerksamkeit zuteil, aus Furcht, sie wirke nicht gut genug.

Das Auge ist der am schnellsten reagierende Muskel unseres Körpers. In weniger als einer Hundertstelsekunde zieht es sich zusammen.

Licht tritt durch die Hornhaut ein, bricht sich an ihrer gekrümmten Oberfläche und erzeugt auf der Netzhaut ein auf dem Kopf stehendes Bild, das unser Gehirn wieder umdreht.

Zum Sehen gehört mehr als das, was dem Auge begegnet, es

braucht die Mitarbeit des Gehirns, um unsere visuelle Welt aktiv zu entwerfen und unsere Fähigkeit, Gesehenes fast augenblicklich zu verstehen, zu vervollkommnen.

Sehen ist eine Form sensorischen Denkens.

Sehen ist untrennbar von der Verortung – von wo aus wir wohin blicken. Der Feminismus ist eine Linse, die diese Dualität nicht nur vergrößert, sondern auf sie angewiesen ist, sich durch sie entfaltet.

In ihrem Essay *Situated Knowledges* sagte Donna Haraway: »In unseren mit Primatenfarbe und stereoskopischem Sehen ausgestatteten Körpern müssen wir lernen, das Objektiv mit unseren theoretischen und politischen Sensoren zu verbinden, um benennen zu können, wo wir sind und wo nicht, in mentalen und physischen Raumdimensionen, die wir kaum zu benennen wissen.«

Für Haraway ist das Sehen immer an den Körper gebunden, beschränkt, begrenzt, ganz gleich, welche technologischen Appendixe – alt oder neu, unförmig oder spiegelglatt – ihm anhängen mögen. Technologie versteht sie nicht allein auf Maschinen bezogen, sondern sehr viel weiter in einem soziologischen, philosophischen und historischen Sinn als jedes übergreifende System, das Methoden, Verfahren und Organisation umfasst. Technologie, so die Wissenschaftlerin Ursula Franklin, ist vor allem eine Geisteshaltung.

Zu jedem wirklich lohnenden Blick gehört ein verfeinertes Bewusstsein für seine Begrenzungen. Mit einem Mal löst sich die Vorstellung von Objektivität als distanzierte und nüchterne, erhabene und panoptische Position auf. Paradoxerweise ist gerade die Erkenntnis, dass es eine solche Position nicht gibt, die einzige Möglichkeit, sich ihr überhaupt anzunähern.

Haraway sagte: »Am Ende ist es ganz einfach. Nur eine Teilperspektive verspricht eine objektive Sicht.«

Was würde man zu sehen bekommen, wenn man viele Teilperspektiven zusammenbrächte, sie immer wieder neu mischte und sich im Verhältnis zu ihnen verschieben würde? Das war eine der Intentionen des Zeitschriftenprojekts, doch das sollte ich erst im Nachhinein, beim Schreiben darüber, begreifen.

How do I look? Wie sehe ich? Bei den Vorbereitungen für das Shooting kreisten wir immer wieder um verschiedene Versionen dieser Frage, doch war die Frage schon vorher immer präsent gewesen, der stille Kern eines jeden Gesprächs, jeder gemeinsamen Aktion. Nur wurde sie auf so andere Weise ausgedrückt und behandelt, dass ich sie nicht mit Mumjis Frage und ihrem eher kosmetischen Ansinnen in Verbindung brachte. *How do I look?* Wie sehe ich aus?

Wie sehe ich, um nicht nur das zu sehen, was ich sehen will-muss-möchte? Wie sehe ich, um hinter-neben-über-mich-hinaus zu sehen? Wie sehe ich, damit man mich nicht falsch versteht? Im Laufe der Jahre hatte diese Frage viele Formen angenommen – in Projekten, Artikeln, öffentlichen Veranstaltungen. Doch während der Arbeit an unserem Heft erfuhr die Frage eine Art Teilung, sie vervielfältigte sich, vibrierte in neuer Frequenz.

Wie sehen ich-du-ihr-wir? Wie zersplittert ein Spiegel, ohne zu zerbrechen? Wie bündelt eine Linse das Licht, ohne ein Feuer zu entfachen? Wie vergrößert ein Zoom, ohne die Perspektive zu verkleinern? Wie gesteht ein Panorama ein, dass es unvollständig ist? Wie kommt der Baum im Rücken ins Blickfeld?

Du sagtest: Wie würde sich unser Denken und Handeln verändern, wenn wir die Zukunft als Ausgangspunkt nähmen? Wie sähe das aus?

Du sagtest: Farbe kann eine Umgebung immens verändern. Wird zum Beispiel eine Zitrone blau angemalt, kann sich das eigene Erleben von Zitronen völlig verändern. Du sagtest: Ich glaube, Farbe kann Oberflächen auf die magischste Weise verändern. Für sie gibt es keinen festen Raum, in dem sie zu sein hat. Farbe kann überall auftauchen.

Habt ihr so etwas schon mal gemacht?, fragtest du bei einem unserer Treffen. Sich einfach so in Schale werfen, ohne ausgehen zu müssen, Kleider von Freundinnen leihen, Stylingtipps austauschen? Alle schüttelten den Kopf. Nein, sagte ich, noch nie. Zwei Stunden später schoss mir eine alte Beschwörung durch den Kopf: *Mach eine Modenschau!* Das hatte meine Mutter im Laufe der Jahre oft gesagt. Wenn eine von uns etwas Neues gekauft hatte oder nicht wusste, was sie anziehen sollte, schlug sie eine Modenschau vor. Wenn sie ihren Koffer für eine Reise packte, sich fertig machte, um eine Freundin zu treffen, oder ihren Kleiderschrank ausmistete – machte sie eine Modenschau, häufig nur für sich. Ich selbst gehe vor einem wichtigen Auftritt im Kopf meine Garderobe durch, entscheide mich für ein Outfit und bleibe meist bei dieser Wahl. Was sich so oft im Schlafzimmer meiner Mutter abspielt – über das Bett verteilte Kleidungsstücke, über den Teppich verstreute Schuhe, geöffnete Schranktüren, Kleiderbügel, die ihre nackten Schultern zeigen –, kommt bei mir nur selten vor. Bei mir bleibt das Chaos im Kopf. Doch, sagte ich zu dir, als ich von unserem Treffen aufbrach, zuhause habe ich mich mit meiner Mutter und meiner Schwester manchmal schick gemacht.

Inzwischen erinnere ich mich an noch frühere Modenschauen: als kleines Mädchen mit meinen Puppen, die ich für verschiedene Szenen an- und auszog. Das waren die ersten Geschichten, die ich schrieb, und schon damals borgte und klaute ich von anderen, wie Autor*innen es tun. Ich hatte die schlechte Angewohnheit, bei meiner Cousine in England Puppenkleider einzustecken und mit nach Hause zu nehmen. Jahre später erzählte mir meine Cousine, sie habe bei meinen Besuchen immer versucht, mich nicht allein zu lassen, weil sie wusste, dass sicher wieder etwas verschwand, dann flogen wir zurück nach Kenia, und sie sah es nie wieder. Einmal, wir saßen im Auto und waren schon seit einer halben Stunde auf dem Rückweg nach London, bekam meine Mutter mit, wie ich hinten auf dem Rücksitz meine Beute bewunderte, drehte um, fuhr den ganzen Weg zurück und zwang mich, die Sachen zurückzugeben. Ich erinnere mich an die Scham, an das Versprechen, es nie wieder zu tun. Ich klaute keine Puppenkleider mehr, aber eines Tages bediente ich mich an den Brocken einer Geschichte, die ich dann als meine erste Erzählung in der Schülerzeitung veröffentlichte. Auch damals flog ich auf – nicht gleich, erst zwei Jahre später, als ich bereits von der Schule abgegangen war. Trotzdem wurde ich einbestellt, befragt, musste Kopfschütteln und wiederholte Enttäuschungsbekundungen über mich ergehen lassen. Auch diese Erniedrigung ist in meiner Seele fest vernäht. Ich glaubte, nie wieder etwas schreiben zu können, weil der Wunsch zu schreiben stets aus dem Wunsch heraus entstand, das Buch, das mich zuletzt überwältigt hatte, neu entstehen zu lassen. Mir war unbegreiflich, wie man schreiben konnte, ohne zu kopieren, ohne zu wiederholen. Viel später, als ich meine Familiengeschichte in einen Roman verwandelte, verstand ich endlich, wie viel man erfinden muss, um eine Fiktion zu erschaffen, die Bestand hat.

Obwohl ich weiß, wie viel daran erfunden und erdacht ist, frage ich mich, wie meine Texte wohl aussähen, wenn ich all das, was ich von anderen Autor*innen, Denker*innen, Menschen, Kunstwerken erhalten habe, zurückgeben müsste? Dünn, fadenscheinig, untragbar.

Das prächtige Gewand des Denkens hat anderen so viel zu verdanken.

Auch bei der Ausstaffierung unserer Körper stehen wir bei anderen und dem Planeten tief in der Schuld. Wie sähe die Welt aus, wenn wir all das, was wir an unterbezahlter Arbeit und ökologischen Ressourcen geraubt haben, zurückgäben? Fairer, grüner, freundlicher.

Donna Haraway sagte: »Einfach irgendeine Teilperspektive reicht allerdings nicht aus … Wir müssen von jenen Blickwinkeln aus eine Perspektive suchen, die vorab immer unbekannt sind, die etwas ganz Außergewöhnliches versprechen, nämlich ein Wissen, mit dem sich Welten erschaffen lassen, die weniger von vorherrschenden Sichtachsen strukturiert sind.«

Einige Tage vor dem Shooting trafen sich fast alle der neununddreißig Frauen zu einer letzten Diskussion. Als ich ankam, lief an der Wand eine Diashow, Fotos von Menschen mit schicken Klamotten und mürrischen Gesichtern, jedes Bild war nummeriert, beschriftet, markiert. Dieser Katalog von »Looks« – so der branchenübliche Begriff für individuelle Designer-Ensembles, wie sie auf dem Laufsteg präsentiert werden – zeigte die Outfits, welche die Stylistinnen des Magazins auf Basis unserer Forderung nach unkonventioneller, nachhaltiger, möglichst von Frauen entworfener Kleidung für das Shooting ausgewählt hatten. Wir alle hatten dieses »Lookbook« bereits digital erhalten, und ich hatte es mir, etwas überwältigt von der Bandbreite der Auswahl, angesehen – Models in riesigen, steifen Kleidern, die ihr Körpervolumen verzehnfachten, Männer in engen Plastikanzügen und alles Mögliche dazwischen. Die Auswahl war mutig, lustig, bizarr, wunderschön, burschikos, verträumt, einschüchternd. Ich hatte mir die Nummern der »Looks« notiert, die ich ausprobieren wollte. So viel zu meinem Gewese, dass es bei diesem Erlebnis nicht um die Kleider gehe – kaum waren sie auch nur in Bildform da, entfalteten sie ihre Wirkung, ließen Entschlüsse wanken, weckten Begehren. In Wahrheit waren sie die ganze Zeit über präsent gewesen, das Gegenteil hatte ich nur behauptet. Was für eine herrliche Überraschung, was für eine Erleichterung, als du irgendwann bei einen unserer Treffen sagtest: Oh, das wird ein Riesenspaß, sich zusammen in Schale zu werfen!

Neben dem »Lookbook« wurden auch Arbeitsproben der drei Fotografinnen an die Wand projiziert, die beim Shooting dabei sein würden. Die Bilder begannen fassbar zu machen, was monatelang ein reines Gedankenspiel gewesen war: Ihre Chemie übertrug sich auf uns und löste prickelnde Erregung, gebanntes Erschaudern und hier und da flaues Erzittern aus.

Plötzlich und ganz unerwartet kamen mir Bilder an einer anderen Wand in den Sinn, in London, der Wand im Schlafzimmer meiner Mutter, gegenüber dem Fußende ihres Bettes. Gerahmte Fotos von meiner Schwester und mir auf einem Laufsteg, mit Kleidern, die meine Mutter für eine von ihr organisierte Modenschau im Safari Park Hotel in Nairobi, Kenia, entworfen hatte.

Diese Show im Jahr 1995 dürfte der öffentliche Höhepunkt im Berufsleben meiner Mutter gewesen sein. Sie arbeitete über ein Jahr lang daran, entwarf Outfits, reiste nach Indien, um Stoffe zu kaufen und Sachen anfertigen zu lassen, beaufsichtigte akribisch die Fertigung der Stücke, für die sie in Nairobi zwei Schneiderinnen beschäftigte, mietete den Veranstaltungsraum, wählte das Menü aus, machte Werbung, verkaufte Eintrittskarten, engagierte Models, stellte Musik zusammen, choreografierte die Bewegungen auf dem Laufsteg, setzte die Preise für Kleidungsstücke fest und überwachte die Proben. Das meiste davon machte meine Mutter allein. Sie war ein Ein-Frau-Unternehmen und steckte alles, was ihr Leben verändern, sie etablieren, ihr Glück bringen, sie aus einer unglücklichen Ehe befreien sollte, in diese Show. Für meine Schwester und mich war es ein großer Spaß: Wir schwelgten im Glamour, genossen die bis dahin ungekannte Aufmerksamkeit, die uns zuteilwurde, stritten darüber, welche Outfits wir behalten sollten. Die Show war ein Erfolg: Die Karten waren ausverkauft, die Leute kamen, aßen, tranken, gafften und klatschten. Die Show war kein Erfolg: Die Leute kauften nur wenig – die Sachen waren wohl zu modern, zu teuer. Kurze Zeit später änderte sich vieles in unserer Familie: Schwere finanzielle Verluste zwangen meine Eltern, Kenia in Richtung England zu verlassen. Unter ihren Habseligkeiten befanden sich einige Koffer mit Resten von der Modenschau. Jahrelang konnte meine Mutter diese Koffer nicht anrühren. Mit dem Öffnen hätte sich der Schmerz entfaltet, der noch Jahre nach dem Event in ihr steckte: den Schmerz zu träumen, sich abzumühen und zu scheitern. Den Schmerz, allein zu sein, wie wir es letztlich immer mit Dingen sind, die wir erschaffen und die die Welt nicht schätzt. Irgendwann aber öffneten wir die Koffer, gruben Saris, Shalwar Kamiz, Lehengas aus, um sie zu indischen Hochzeiten oder anderen festlichen Anlässen anzuziehen. Wie aufregend, diese Kostbarkeiten zu tragen, zu sehen, wie sie auffielen, wie einzigartig sie waren und wir uns fühlten, wie glücklich es unsere Mutter machte. Falls es sie auch schmerzte, bekamen wir es nicht mit, wollten die dem Licht folgenden düsteren Strömungen nicht sehen.

All das hatte ich vergessen, wie so oft bei Dingen, die nicht mehr zum eigenen Selbstverständnis passen, die den eigenen Entscheidungen nicht mehr dienlich sind oder an denen ein schlafender Kummer hängt, den die Erinnerung wieder aufwecken könnte.

Im Auge gibt es einen natürlichen blinden Fleck, eine winzige Stelle ohne Photorezeptoren. Sind beide Augen geöffnet, gleichen sie den jeweils anderen blinden Fleck aus. Und selbst mit einem geschlossenen Auge ist der blinde Fleck subjektiv oft schwer auszumachen, da das Gehirn in der Lage ist, den fehlenden Teil des Bildes zu ergänzen oder auszublenden.

Später, nach Erscheinen des Heftes, erzählte ich von der Herausforderung, über Mode zu schreiben, und plötzlich fiel dir ein, dass du vor Jahren zu diesem Thema eine Sammlung philosophischer Essays herausgegeben hast. Während der Arbeit am Projekt hattest du kein einziges Mal daran gedacht. Wie konntest du das vergessen? Vielleicht weil die Texte so schlecht waren, sagtest du, niemand hatte etwas wirklich Lohnenswertes geschrieben. Vielleicht weil du kein so großes Interesse mehr an Mode hattest. Dann tauchte zu deiner Bestürzung eine weitere Erinnerung auf: Dein erster Artikel überhaupt war in just jenem Modemagazin erschienen, mit dem wir gerade gearbeitet hatten. Mit vierzehn Jahren bist du samt deinem Text zur Münchener Redaktionszentrale gefahren und hast an der Rezeption nach der Redakteurin gefragt. Die Rezeptionistin sagte, du könntest den Text dalassen, man würde ihn an die Redakteurin weiterleiten und jemand würde sich zu gegebener Zeit mit dir in Verbindung setzen. Aber du hast nicht nachgelassen. Du hast immer wieder gesagt, dass du die Redakteurin sehen und den Text persönlich übergeben möchtest. Zufällig kam die Redakteurin vorbei und lud dich schließlich zu sich ins Büro ein. Du gabst ihr deinen Text, und ein paar Wochen später wurde dir telefonisch mitgeteilt, wann er erscheinen und wie viel man dir dafür zahlen würde. Dein allererster Text, in dieser Zeitschrift.

Wie konntest du das vergessen?

Ich habe es vergessen, weil ich dachte, ich hätte mich verändert. Ich habe es vergessen, weil ich mich jetzt als Feministin begreife und Feministinnen sich zu bestimmten Dingen natürlich nicht herablassen – oder?

Du sagtest: Ich hatte meine Zweifel, aber dann dachte ich, ich kenne sie seit über zwanzig Jahren, ich weiß, welch leidenschaftliche Feministin sie ist. Wenn sie bei diesem Projekt mitmachen wird, dann kann ich es auch.

Was ist feministisch? Immer wieder stieß ich auf diese Frage und ihre vielen Begleiterscheinungen. In jeder Diskussion über das Projekt tauchte sie auf. Ein Stück weit konnten wir ihr begegnen, indem die Künstlerin auf ihr Honorar verzichtete und stattdessen dafür sorgte, dass die Zeitschrift unseren Beitrag mit einer großen

Spende an WIR MACHEN DAS entlohnte, eine NGO, die 2015 gegründet wurde, nachdem etwas mehr als achthunderttausend Geflüchtete vor allem aus Syrien nach Deutschland gekommen waren. Die NGO erwuchs aus dem Engagement von hundert Frauen, die Migration – mit der ihr innewohnenden Herausforderung, unsere Welt gerecht zu teilen – als Chance begriffen, sich zusammen mit Geflüchteten und Migrant*innen noch stärker für eine gemeinsame Zukunft, für eine offenere, diversere und gerechtere Gesellschaft einzusetzen. Wir riefen mehrere Projekte ins Leben, darunter »Weiter Schreiben«, bei dem sich Schriftsteller*innen und Musiker*innen aus Konfliktgebieten mit deutschsprachigen Kolleg*innen zusammentaten, und »Meet Your Neighbours«, das in ganz Deutschland Gespräche zwischen neu zugewanderten und alteingesessenen Einwohner*innen fördert. WIR MACHEN DAS steht für unsere Zukunft, nicht unseren Hintergrund, für Mut statt Angst, Menschlichkeit statt Hass, Pragmatismus statt Populismus. Das Magazinprojekt stellte eine Erweiterung all dessen dar, nicht zuletzt, weil hier viele Frauen beteiligt waren – aus Syrien, Irak, Jemen, Kurdistan, Ägypten und anderswo –, die die NGO leiteten oder künstlerisch an deren Aktionen beteiligt waren.

Diese neununddreißig Frauen würden auf den Seiten einer Modezeitschrift zu sehen sein und so den Status quo untergraben. Und obwohl mich das Wissen darum elektrisierte, erkannte ich anfangs kaum die Widersprüche, die sich in unserer Mitte abzeichneten. Kein Wunder, dass Modezeitschriften seit Jahrzehnten gleich aussehen: Auf ihren mit Anzeigen geschmückten Hochglanzseiten blättert man zwangsläufig auf eine Unlogik zu – dass wahre Distinktion nur durch Edelkonsum zu haben ist.

Wie war die Tatsache, dass ein paar Frauen auf diesen Seiten, wenn auch nur für kurze Zeit, sichtbarer wurden, mit den vielen anderen zu vereinbaren, die unsichtbar blieben und die womöglich durch genau jene Strukturen, mit denen wir uns verbündeten, sogar aktiv benachteiligt wurden? Was würde Diversität im Zusammenhang mit obszön teuren Luxusgütern bedeuten, die sich nur eine winzige Elite leisten kann?

In ihrer Einleitung zu *Thinking Through Fashion: A Guide to Key Theories* sagten Agnès Rocamora und Anneke Smelik: Material, Gegenständen wohnt eine soziale Qualität inne. Dinge existieren nicht einfach so, vielmehr verleiht soziale Interaktion ihnen einen bestimmten Wert.

Ließe sich der Wert der in Modemagazinen üblicherweise abgebildeten Dinge sinnvoll umgestalten oder zuweisen?

Du sagtest: Lasst uns andere Objekte der Begierde präsentieren, beschwören wir ein alternatives Verständnis von Reichtum und Luxus. Hervorragende öffentliche Verkehrsmittel, kostenlose Gesundheitsversorgung für alle, ein starker Sozialstaat, bedingungsloses Grundeinkommen, Freizügigkeit, Lohngleichheit – solche Dinge, sagtest du, sind der wahre Schatz, der wahre Reichtum einer Gesellschaft.

Wie aber würden wir das zeigen? Ich glaubte, alles müsse abgesprochen, aufgeschrieben, bis ins letzte Detail geplant werden. Mir war klar, dass dies ein kreativer Prozess war, doch hatte ich vergessen, dass sich im kreativen Schaffen auch ein Geheimnis verbirgt, dass seine Magie erst aus dem Unvorhergesehenen, den Ablenkungen entsteht. Und ich hatte völlig außer Acht gelassen, dass wir nicht nur die Schöpferinnen waren, sondern auch die Schöpfung sein würden.

Du sagtest: Unsere Gegenwart soll gerechter, behutsamer und glücklicher werden. Wir wollen einen Nobelpreis für Fürsorge, die Finanztransaktionssteuer und einen wirksamen Klimaschutz. An welchem Ort wir geboren werden, ist Zufall. Grenzen sind also willkürlich. Wir wollen, dass Menschen, die da sind, dazugehören. Das Zusammenleben an einem Ort bestimmt die Zugehörigkeit, nicht die Nation, die Kultur oder die Abstammung. Wir experimentieren mit neuen Modellen der Umverteilung. Das Teilen löst das Tauschen ab. Dinge, Orte, Wissen sind Gemeinschaftsgüter. Jedes Mal wenn wir unser Handy zücken, einen Kaffee trinken oder unser T-Shirt überziehen, sind wir mit den Schicksalen von Menschen in der ganzen Welt verbunden. Es gibt also gegenseitige Rechte und Pflichten. Politischer Ohnmacht setzen wir Modelle der Mitwirkung entgegen. Wir müssen uns nicht einig sein, aber wir wollen, dass alle gehört werden. Wir wollen nicht gleich sein, aber gleichberechtigt, egal wie wir glauben, wie wir lieben, woher wir kommen, ob wir verrückt oder behindert werden. Unsere Solidarität ist erfinderisch: Wir entwickeln neue Formen von Gemeinwesen, in denen alle, die da sind, teilhaben. Jede nach ihren Fähigkeiten und jede nach ihren Bedürfnissen. Wir haben Lust darauf, voneinander zu lernen.

Ich kenne nicht alle in dem, wie ich ihn nennen würde: offenen Kreis von Frauen, dem ich seit ein paar Jahren angehöre. Es ist vielleicht das markanteste Merkmal eines offenen Kreises, dass man nicht alle kennen muss oder gar kann und sich doch mit allen verbunden fühlt, die, wenn vielleicht auch nur locker oder nur für kurze Zeit, in diese spezielle Sphäre geraten.

Die Treffen finden unregelmäßig statt, die Verantwortlichkeit dafür wechselt. Alles ist freiwillig, oft wird es gemütlich, doch manchmal, vor allem in jüngster Zeit, kommen wir mit einem Gefühl von Dringlichkeit zusammen – wegen der politischen Entwicklungen in der Welt, insbesondere der immer spürbareren Auswirkungen der Klimakrise und zunehmenden rechtsextremen Tendenzen.

Manche Frauen kommen einmal und danach nie wieder. Manche erscheinen nicht bei den Treffen, sind aber aus der Ferne dennoch ganz entschieden Teil des Geschehens. Manche kommen gelegentlich, andere regelmäßig. Alle begegnen einander auf Augenhöhe. Das zumindest ist der Impuls, von dem alles ausgeht. Natürlich können sich nicht alle in jedem Moment gleichermaßen beachtet fühlen, aber für all jene, die geblieben sind, muss es sich im Großen und Ganzen so anfühlen – warum sonst würden sie über Jahre hinweg immer wiederkommen, Zeit aus einem prallgefüllten Leben abknapsen, um mit einem Haufen anderer Frauen viele Stunden zu verbringen? Sie kommen, wage ich zu behaupten, aus dem gleichen Grund wie ich: weil man anders sieht und gesehen wird. Doch nach einer Weile reichte das nicht mehr, einige wollten die Grenzen erweitern, sich neuen Herausforderungen stellen. Immer öfter und immer kritischer wurde darüber diskutiert, wie wir genau das tun könnten.

Du sagtest: Ich will nicht, dass wir nur so eine Art Selbsthilfegruppe sind.

Du sagtest: Was hier geschieht, habe ich nie als Selbsthilfe wahrgenommen. Mir gefällt die Idee, an einen Ort zu kommen, wo nichts ausgeschlossen wird und jede Form von Austausch möglich ist.

Du sagtest: Vielleicht lassen sich diese Treffen auch so arrangieren, dass wir nicht immer nur im Kreis sitzen, einen Vortrag anhören und dann diskutieren.

Du sagtest: Ich höre den verschiedenen Stimmen hier gern zu. Ich kenne nicht alle, und es ist interessant, etwas über Menschen zu erfahren, indem sie über ein Thema reden, das sie interessiert.

Du sagtest: Ich finde, wir sollten versuchen, uns international mehr zu vernetzen. Wir könnten viel davon profitieren, wenn wir mehr über andere Ideen von Gegenseitigkeit und Solidarität wüssten.

Du sagtest: Es sollte nicht zu behaglich werden.

Du sagtest: Was ist falsch an Behaglichkeit? Es gibt genug Unbehagen in der Welt, mit dem wir fertigwerden müssen.

Du sagtest: Wir schöpfen unser Potenzial nicht voll aus. Wir halten uns immer noch zurück. Wir verlangen nicht genug voneinander.

Du sagtest: Ich weiß nicht, ob es richtig ist, einander allein deswegen zu helfen, weil wir Frauen und untereinander vernetzt sind.

Du sagtest: Glaubst du, Männer würden sich über so etwas Gedanken machen?

Du sagtest: Wer sind wir? Was wollen wir?

Das Heft war eine Plattform, ein neuer Raum, um all diese Dilemmata zu erkunden. Wir sagten uns: Nutzen wir den Raum, machen wir, was wir wollen, verleihen wir unserem Begehren Ausdruck.

Sylvia Plath sagte: »Warum kann ich nicht verschiedene Leben anprobieren wie Kleider, um zu sehen, was mir am besten steht und zu mir passt?«

Wir sagten: Warum probieren wir nicht verschiedene Zukunftsvisionen aus, um zu sehen, welche gut zu uns passen? Tauschen wir Visionen aus, mixen und kombinieren wir sie neu und schauen, wie du-ihr-ich-wir darin aussehen.

Die Zeitschrift war offenbar ebenfalls an anderen Visionen interessiert. Anfang 2020 wurde ein globales Leitbild lanciert, dessen Ziel im letzten Satz zusammengefasst wird: Sechsundzwanzig internationale Ausgaben, die für Diversität, Verantwortung und den Respekt für Individuen, Communities und unsere Umwelt stehen.

Auf der Website des Unternehmens wurde die Erklärung anfänglich von dem Foto einer jungen, dünnen, lächelnden weißen Frau begleitet. Als ich einige Tage später wieder nachsah, war es verschwunden. Inzwischen, während ich dies schreibe, gibt es dort das Bild einer jungen Schwarzen Frau, deren Gesicht im Profil nur teilweise erkennbar ist: Das Foto ist so beschnitten, dass Augen und Stirn nicht zu sehen sind.

Judith Butler sagte: »Wie denken wir über diese lockeren Allianzen, die ganz entschieden nicht auf Liebe oder gar Identifikation beruhen? Ich habe den Eindruck, dass wir zu oft glaubten, uns mit unseren Verbündeten identifizieren zu müssen. Aber wenn wir auf diese Art von Identifikation bestehen, neigen wir dazu, eine kommunitaristische Politik zu reproduzieren, indem wir uns nur mit jenen verbünden, die uns bereits ähnlich sind, und uns weigern, jenen gegenüberzutreten, deren Ansichten und Leben vielleicht ganz anders scheinen. Meinem politischen Empfinden nach muss eine wachsende Koalition eine sein, in der wir davon ausgehen, dass wir nicht gleich sind.«

Ich kenne euch nicht alle, doch ihr habt mein Verständnis davon, was es bedeutet, jemanden zu »kennen«, verändert. Die meisten von euch sehe ich kaum fünfmal im Jahr. Ich kenne deine Ansichten über die Migrationspolitik der EU, deine Haltung zu Geschlechtspronomen, aber ich habe keine Ahnung, wo du aufgewachsen bist, an welcher Stelle du wohl in eine Reihe von Geschwistern passt. Ich weiß, wie du über Hannah Arendt und Angela Merkel denkst, aber ich habe keinen Schimmer, ob deine Mutter noch lebt und was du für sie empfindest. Ich habe deinen letzten Film gesehen, dein Buch gelesen, deine Ausstellung besucht, deinen Vortrag gehört, aber ich weiß nicht, ob du in einer Beziehung lebst oder Kinder hast. Ich weiß, dass du vier Mitglieder einer syrischen Familie unterstützt hast, damit sie zu ihrem Sohn nach Berlin ziehen konnten, der 2016 als Geflüchteter herkam und einer deiner engsten Freunde wurde, aber deine eigene Familiengeschichte kenne ich nicht, weiß nicht, wie dein Verhältnis zu deinen Verwandten ist, wie nahe ihr euch steht.

Wir haben uns bei euch zuhause getroffen, daher weiß ich, wie hell eure Räume ausgeleuchtet sind, wie euer Besteck aussieht, welche Bilder an der Wand hängen, aber ich weiß nicht, ob ihr manchmal abends allein am Tisch sitzt, wie häufig und warum. Zu unseren

Treffen bringen wir alle etwas zu essen und zu trinken mit, also habe ich das Brot aus der Bäckerei bei dir um die Ecke probiert, deine klassische Fenchel- und Tomatensuppe, deine Lieblingsschokolade; ich weiß, dass du Rotwein lieber magst als Weißwein und du lieber Weißwein als Rotwein; aber ich weiß nicht, ob du dich als Feministin bezeichnen würdest.

Was ich nicht weiß, spielt keine Rolle, denn das Wichtigste, was ich über euch alle weiß, ist, dass ich mich auf jede Einzelne von euch verlassen kann.

Judith Butler sagte: »Es ist schwierig, Abhängigkeit als Bedingung dessen anzuerkennen, was wir zufällig sind. Würden wir uns selbst neu denken, als grundsätzlich voneinander abhängige soziale Wesen – und darin liegt keine Scham, keine Demütigung, keine ›Feminisierung‹ –, dann gingen wir anders miteinander um, meine ich, denn unser Selbstverständnis definierte sich nicht durch jeweilige Eigeninteressen.«

Du hast neben mir gesessen und für mich ins Englische übersetzt, damals, als ich noch kaum Deutsch konnte.

Du und ich hatten uns nur selten unterhalten, aber als ich dich in einer heiklen politischen Angelegenheit um Rat fragte, hast du fast eine Stunde lang offen mit mir gesprochen, als hätten wir einander schon immer gekannt.

Du hast sofort zugestimmt – obwohl wir uns nur zweimal gesehen hatten –, als ich dich bat, einen gerade fertiggestellten Text zu lesen, weil ich wissen wollte, was meine Worte wohl in deinem klugen Kopf auslösen würden.

Du hast mir bei Verhandlungen geholfen, in kniffligen beruflichen Situationen.

Du hast mir bei familiären Notlagen eine Perspektive gegeben und mir geholfen, mich aus Schmerz und Wut herauszulachen.

Du hast mich gebeten, einen Text auf einer Konferenz vorzutragen, bei dem ich mir sehr unsicher war – bis mich die Anerkennung in Form deiner Einladung erreichte.

Du hast mich mit Leuten zusammengebracht, die mir bei meinem Einsatz für einen offiziellen Europäischen Feiertag behilflich sein könnten.

Du hast mir dein Fachwissen über Graswurzelbewegungen zur Verfügung gestellt, mich für die vor mir liegende lange Strecke gewappnet und mir gesagt, ich solle mir gründlich überlegen, wohin ich meine Energien lenke.

Ich kann mich auf euch verlassen. Und ihr könnt euch auf mich verlassen.

Wo liegen die Grenzen dessen, was wir voneinander verlangen können? Diese Frage, die wir – zaghaft, lieblos, schmerzvoll – in unseren intimsten Beziehungen austesten, stand schließlich im Zentrum unserer gemeinsamen Beziehungen.

Was immer ich gegeben habe, ich habe das Gefühl, mehr bekommen zu haben. Was immer ich zu geben habe, ich habe das Gefühl, dass es nie aufwiegen wird, was ich zurückbekomme.

Du sagtest: Wann immer ich mir Sorgen mache, denke ich an euch. Dann sehe ich euch alle vor mir und spüre diese unglaubliche Kraft, und ich weiß, dass alles möglich ist.

Die Angst, am Ende allein dazustehen – eine Angst, die ich lange hatte –, hat sich dank dir, dank jeder Einzelnen von euch, dank euch allen zerstreut. Ihr habt mir ein anderes Gefühl davon gegeben, in der Welt, mit der Welt verbunden zu sein. Ihr habt mich neue Bindungen jenseits von Familie, Freunden und Arbeit erleben lassen.

In ihren Schriften bezog sich Hannah Arendt oft auf die Polis, von der sie sagte: »Sie ist die Organisationsstruktur ihrer Bevölkerung, wie sie sich aus dem Miteinanderhandeln und -sprechen ergibt. Unabhängig davon, wo sie gerade sind.« Für Arendt ist die Polis ein *Erscheinungsraum*. Im Gegensatz zu physischen Räumen, die wir mit den Händen bauen, ist die Polis ein öffentlicher Raum, der aus unserer Anwesenheit entsteht. Als solcher ist er zerbrechlich und vergänglich, doch gerade darin liegt eine Form von Macht. Innerhalb der Polis können Bedenken offen geäußert und aus verschiedenen Perspektiven betrachtet werden. Daraus ergibt sich die Art von Macht, die immer dann entsteht, wenn Menschen als Gleiche unter Gleichen gemeinsam denken und handeln, um die Welt neu zu gestalten. Es ist eine Macht, die aus dem gemeinsamen, einvernehmlichen Handeln einer Vielzahl von Akteur*innen entsteht. Sie ist, so Arendt, »immer ein Machtpotenzial, und nicht etwas Unveränderliches, Messbares, Verlässliches wie Kraft oder Stärke«.

Eine Modezeitschrift ist ein streng kontrollierter Erscheinungsraum, der von der Macht bestimmter Konzerne beherrscht und von Subjekten bevölkert wird, die auf starre Rollen in einer vorherbestimmten Ästhetik reduziert sind. Konnten wir als Polis diesen Raum wirklich in Beschlag nehmen und seine Mittel dafür nutzen, jede Seite mit einer völlig anderen Bildsprache zu besetzen?

In einer Fortführung von Arendts Gedanken sagte Judith Butler: »Damit Politik stattfinden kann, muss der Körper erscheinen. Ich erscheine anderen, und sie erscheinen mir, was bedeutet, dass es uns irgendein Raum zwischen uns erlaubt, zu erscheinen.«

Für unser Unterfangen prägten wir den Begriff *Acrobatic Relations*, akrobatische Beziehungen, denn es erforderte Wagnis und Vertrauen zwischen uns neununddreißig Frauen – und auch zwischen uns und dem Magazin. Akrobatische Beziehungen hängen ab von Sprüngen der Fantasie und der Suspension der Skepsis, von der Bereitschaft, sowohl Springerin als auch Trapez zu sein, davon, dem Bekannten und dem Unbekannten die Hand zu reichen.

Du sagtest: Wunschkraft und Wirklichkeit sind Schwestern.

Ein paar Frauen sind der Einladung zum Projekt nicht gefolgt. Ihnen war es unmöglich, ihre tiefen Vorbehalte darüber zu zerstreuen, ob innerhalb einer erzkapitalistischen Struktur Veränderung überhaupt möglich ist. Gleichwohl würdigten sie den Versuch, zu dem wir anderen bereit waren. Jede von ihnen kam zu einem Treffen, hörte zu, gab Ratschläge und blieb uns dann in stummer, distanzierter Solidarität verbunden.

Nicht alle, die wollten, konnten bei dem Projekt dabei sein, weil beim Shooting die Personenanzahl aus praktischen Gründen begrenzt war. Einige brachten ihre Enttäuschung zum Ausdruck. Die meisten behielten ihren Wunsch für sich und wünschten uns einfach alles Gute. Hätte ich nicht dabei sein können, hätte auch ich es mir gewünscht, es aber niemals laut geäußert.

Mitunter sind Redakteur*innen das Material, und das Material Redakteur*innen.

Ich habe in meinem Leben keine einzige Modezeitschrift gekauft, nur ein paar Mal hastig in einer geblättert – beim Friseur oder wenn meine Mutter ausnahmsweise mal eine mitgebracht hatte. In Kenia waren solche Zeitschriften schwer zu bekommen, und wenn es je eine zu Hause gab, dann nur, weil meine Mutter auf einer der alljährlichen Reisen nach England geprasst hatte, und die Tatsache, dass sie das Heft tatsächlich gekauft und nicht nur im Laden durchgeblättert hatte, bedeutete, dass sie etwas daraus nachnähen wollte. Ihr Stück würde nicht wie auf dem Foto aussehen: Ich kannte genügend Arbeiten meiner Mutter, um zu wissen, dass sich bei ihr zwischen Inspiration und Kreation eine große, geheimnisvolle Kluft auftat. Wie führte das eine zum anderen, ohne dass beides gleich war? Ich begriff, dass für manche in solchen Zeitschriften ein Zauber lag, ich selbst aber fand – und finde – sie langweilig. Zu der Zeitschrift, die wir gemeinsam gestalteten, verspürte ich keinerlei Verbindung, und ich hätte mich immer eher gegen sie als auf ihre Seite gestellt – und doch war ich von Anfang an begeistert von der Aussicht, selbst darin zu sein. Bei aller Verachtung für das, was Magazine dieser Art repräsentieren, steckte offensichtlich auch etwas in mir, das auf ihre Macht reagierte, das sich nach der Anerkennung sehnte, Teil ihrer ästhetischen Sphäre zu sein. Es geht mir nicht um die Kleidung, redete ich mir ein, und das war der aufwendigste Aufzug überhaupt, ein regelrechtes Tarn-Ballkleid und so ausladend, dass ich sogar dann darüber stolperte, als ich vorgab, es nicht anzuhaben.

Die Krux des Kapitalismus: Man kann ihm misstrauen und trotzdem empfänglich für ihn sein. Das Magazinprojekt hat gezeigt, wie eng diese beiden Stränge miteinander verwoben sind, wie effektiv sie funktionieren – indem sie einander widersprechen und ergänzen, indem sie einen zerreißen und zusammenhalten.

Du sagtest: Bedeutung entsteht aus vielen verschiedenen Arten von Dissonanzen.

An jenem Abend, mehrere Tage vor dem Shooting, als die Bilder des Lookbooks an der Wand aufblitzten, war auch eine der Stylistinnen zu Gast und beschrieb, was uns erwarten würde. Sie sprach von den Stationen für Haare, Make-up, Hände; von Umkleiden und Spiegeln, Kleiderstangen, Schuhregalen, Accessoiretischen; von Expertinnen und jeder Menge Assistentinnen. Sie sagte, sämtliche Looks stünden zur Verfügung, jede könne also tragen, was sie wolle. Und die Größen?, fragtest du. Wir finden einen Weg, es für euch alle passend zu machen, sagte sie. Im weiteren Verlauf der Diskussion spürte ich plötzlich das materielle Gewicht dessen, was uns am Set erwartete. In den Monaten zuvor hatte unsere Fantasie keine Grenzen gekannt, und irgendwann schien es uns selbstverständlich, dass dies mehr als genug sein würde, um es mit jeder Modezeitschrift aufzunehmen und sie umzustylen. Doch plötzlich erstarrte ich im Kraftfeld des Gegebenen, im Bann eines vorformulierten Skripts, das immer identisch ablief, auch wenn es so wirkte, als sei es umgeschrieben worden.

Wovor hatte ich Angst? Dass ich – selbst mit euch allen – nicht gegen das Skript ankommen würde. Ich hatte schon früh beschlossen, Tücher meiner Mutter als meine Objekte der Begierde mitzunehmen, doch an jenem Abend entschied ich, dass sie nicht reichen würden. Nach dem Treffen ging ich nach Hause und begann, Bücher aus dem Regal zu ziehen. Bücher, die ich geliebt, bewundert und imitiert hatte, Bücher, die ich überall angestrichen, auswendig gelernt oder mit denen ich innerlich heftige Auseinandersetzungen geführt hatte. Ich packte die Bücher – alle von Frauen – in zwei Koffer, um sie so zum Shooting mitzuschleppen. Du lachtest, als du mich abholtest. Du sagtest: Wir mussten unterwegs umkehren, weil du ein wichtiges Buch vergessen hattest. Dein kleines rotes Auto war so voll, dass ich einen der Koffer während der Fahrt auf dem Schoß balancieren musste. Das Gewicht der Bücher auf meinen Beinen spiegelte die Last der Sehnsucht in meinem Herzen wider, eine Sehnsucht, die ich zu dieser Zeit nicht benennen konnte. Mit den Büchern war es mir möglich, diese Autorinnen, diese Frauen – noch mehr Frauen – mitzunehmen. Warum sah ich nicht, dass sie schon da waren? Sie waren in-hinter-neben-vor mir – genau wie du, ihr alle.

Eine der drei Fotografinnen hatte vor dem Shooting eine Nachricht geschickt und gefragt, ob wir vielleicht Lust hätten, jeweils einen alten Lippenstift mitzubringen. Sie meinte, das könnte eine interessante Bilderserie werden. Du sagtest: Lippenstift? Ich bringe einen Hammer mit.

Du sagtest: Ich konnte zu keinem der Planungstreffen kommen und wurde erst zwei Tage vor dem Shooting über alles informiert. Es war die Rede davon, vor Ort gemeinsam etwas zu entwickeln, und ich hatte mich gefragt, wie das mit neununddreißig Frauen funktionieren sollte. Es kam mir vor wie eine Art Scheindemokratie: Wir alle wären daran beteiligt, aber am Ende wird nur die Gastkuratorin als Autorin genannt. Nur sie hat ein Vetorecht. Also sagte ich mir, okay, ich werde mich dem Geschehen einfach hingeben, sogar Marionette sein, denn Autorin kann ich nicht sein – neununddreißig Autorinnen kann es nicht geben. Oder doch?

Du sagtest: Bei der Malerei, auf der Leinwand, kann man alles simultan wahrnehmen. Zuerst und zuletzt gemalte Bewegungen sind gleichzeitig auf der Bildfläche präsent. In der abstrakten Malerei gibt es keine lineare oder kausale Handlungshierarchie. Insofern ist die abstrakte Malerei sehr anarchisch und antinarrativ.

Du sagtest: Im Magazin ist die Hierarchie ebenso unsichtbar wie verblüffend klar. Kleidung und beiläufige Interaktionen verrieten wenig über die Stellung einer Person. Doch sobald wir etwas präsentierten, zeigte sich die Rangordnung, niemand erlaubte sich eine Meinung, bevor nicht die Chefredakteurin etwas gesagt hatte.

Vor Ort am Set war es wie eine Rück- und Vorausblende, als würde etwas neu aufgeladen. Entfernungen verringerten sich, Vergangenheit und Gegenwart berührten sich, als hätte nie jemand den Stecker gezogen. Elektropolis. Das voll hochgefahrene Netz: pulsierender Strom erhellt eine ganze Stadt, wirft Licht, weiter, immer weiter, um die Welt anzustrahlen. Jahrzehntelang hat die Energie nicht mehr derart in den Mauern des Gebäudes gehämmert. Jetzt ist sie zurück, nur als völlig anderes Phänomen – leibhaftig, plural, unvorhersehbar. Frauen. Gemeinsam. Verbindend, wie früher die Kabel. Frauen. Strahlen Möglichkeiten, Kreativität und Übermut aus. Frauen. Generieren neue Ideen, Bilder, Beziehungen. Funken fliegen. Der Raum glüht. Frauen. Wie Maschinen, die das Wir und Jetzt antreiben, das Hier und Dort, das Einst und Dann. Frauen. Verändern, zögern, zweifeln, verursachen Störungen, Schwankungen. Frauen. Erwärmen die Luft mit ihren Körpern, weich, sinnlich, sexy, übertragen Begehren. Ihre Düfte, ihre Präsenz, ihre Differenzen reflektieren an den Wänden, werden abgelenkt, funkeln. Frauen. Kaum kann der Raum sie fassen.

Menschen wissen nicht, wie sie wirklich aussehen, sagtest du. Nie sehen sie sich ganz. Sie sehen sich gespiegelt, gefiltert, gerahmt, gebannt – auf Fotos, die andere Menschen von ihnen machen, auf Filmen, im Gegenlicht, unvollständig und verzerrt.

Look! Seht mal!, japsten wir während des Shootings immer wieder, als wir in den neuen »Looks« auftauchten, die uns die Stylistinnen verpasst hatten. Seht nur: du-ihr-ich-wir!

Die Stylistin sagte: Es war fantastisch zu sehen, wie die Frauen auf die Sachen reagierten, über die ich mir monatelang Gedanken gemacht und die ich dann bestellt hatte. Ich hatte versucht, eine gute Mischung von allem hinzubekommen, weil ich keine Ahnung hatte, wer teilnehmen würde. Es waren viele Männersachen dabei, weil wir dadurch auch größere Größen bekamen, aber es gefällt mir auch wirklich, wenn Frauen Männersachen tragen.

Der Zauber war sofort zu spüren. Pheromon-Magie. Geruchs-Berührung. Du kamst heran, angelockt von der fabrikneu-geradeaus-der-Verpackung-befreit-erster-Lebenshauch-Chemiebotschaft. Das zog dich an, noch bevor dich die Farbe blendete, bevor du wusstest, ob es dir stehen würde. Normalerweise ist er die letzte Schicht, die alles andere bedeckt, der Panzer gegen die Elemente.

Aber du hattest nichts darunter, nur BH und Unterhose. War der Mantel jemals jemandem so nah, selbst als er angefertigt wurde, als Teile davon auf den Schoß der Schneiderin glitten, sich zwischen ihre Beine schmiegten, während andere Teile von der surrenden Maschinennadel zusammengenäht wurden? Du trugst ihn mit lässiger Eleganz. Du sprachst in seinen Zitrustönen. Um dich herum veränderten sich andere, führten ein Stück nach dem anderen vor. Du aber behieltest den Mantel stundenlang an. Er lernte das Zucken deiner Schultern kennen, das Gewicht deiner Hände in seinen Taschen, das Kitzeln deiner Haare, die feuchte Hitze deiner Achselhöhlen, das Hart- und Weichwerden deiner Brustwarzen. Sein Seidenfutter erahnte den Rhythmus deines Atems, das Klopfen deines Pulses. Sein dichtes Gewebe nahm die Temperatur deines Körpers auf, sein Saum hüpfte im Takt deines Gangs. Als du ihn auszogst, gab es eine Vorahnung, ein Rasseln aus der Zukunft: der Mantel monatelang im dunklen Schrank, dicht an dicht mit anderen, ebenso trübsinnigen Kleidungsstücken, die man des Lichts beraubt hatte. Und die Zukunft jenseits der Zukunft: eine nasskalte Müllhalde, unter der Last zahlloser Brüder erstickend, die sein Schicksal teilen, bis in alle Ewigkeit gekauft und weggeworfen zu werden.

Du sagtest: Ich beschloss von Anfang an, beim Shooting den Outfits nicht allzu viel Aufmerksamkeit zu schenken. Für mich ging es nicht ums Haben, sondern ums Spielen. Nicht ums Besitzen, sondern ums Teilen.

Look! Seht mal! Du, eine Diva in einem bodenlangen grünblauen Kleid. Und du! Anzug um Anzug, immer gestriegelt, deine Gliedmaßen rezitierten die Verse eines jeden Kleidungsstücks, als wären sie ein Gedicht, das dein Körper geschrieben hatte.

Die Friseurin sagte: Es war sehr intensiv und herausfordernd, weil so viel los war und ich nicht wirklich wusste, worum es ging, sodass ich nicht sicher war, wer wichtig war und wem ich mich intensiver widmen sollte.

Du sagtest: Die zwei Tage, die ich dabei war, waren die besten meines Lebens.

Klick. Kurze Verschlusszeit. Kürzer. Kürzer. Bruchteile einer Sekunde, nicht mehr. KlickKlickKlick. Die Kamera arbeitete. Speicher überfüllt. Batterie ausgelaugt. Der Apparat konnte kaum mit uns Schritt halten, nahm aber weiter auf. Selektierte? Interpretierte? Verzerrte? Kein parteiischer Beobachter, sondern eine Kamera mit ihrem gewölbten Glasauge und digitalen Sensoren. Konnte sie all die Bewegung einfangen? Jeden Moment als ein Ereignis zeigen? Laufen. Weitwinkel. Abbiegen. Umdrehen. Nochmal. Warten. Zoomen. Nochmal. Scharfstellen. Sie konnte nicht schnell genug reagieren, die atemlose Verlängerung der Kamera, die Gestalt, die sie bediente, deren heiße Finger das Gehäuse hielten, die Linse lenkten, Knöpfe drückten. KlickKlickKlick. Du hörtest ihr Surren, wie sie manisch einfing, aufnahm – wie sie die Zeit auf ihren Gleisen anhielt.

Seht mal! Du, als du jedes Make-up ablehntest. Du, als du nicht wolltest, dass dein Haar angerührt wird.

Die Visagistin sagte: Es ist so schön, endlich mal nicht das Gesicht eines fünfzehnjährigen Mädchens zu schminken.

Seht mal! Du! In einem Minikleid mit Rüschen – diese Beine! Und du – im roten Overall, in der Latzhose, in der hochgeschnittenen, ausgestellten Matrosenhose – sieh nur, sieh –, mit der rhombischen Sonnenbrille, im schwarzen Lederkostüm und den Stilettos, im Oversize-Pullover, fest zusammengerafft, tailliert mit einem breitem Gürtel.

Die Fotografin sagte: Es war wunderbar, so viel Gelächter zu hören!

Du sagtest: Mir hat das Ganze keinen Spaß gemacht. Vielleicht bin ich zu alt für so was.

Ein Paar Schuhe – hineingequetscht, vorgeführt, abgestreift, weggeworfen. Sie gehörten niemandem, allen. Sie wurden betreten, genossen, verlassen. Ob in einer Zeitschrift, einem Online-Feed, auf einem Laufsteg – solche Schuhe sind dazu gedacht, bewundert und begehrt zu werden; Prototypen, die angefertigt werden, um ganz allgemein eine Gier nach Schuhen dieser Art zu erzeugen. An diesem Tag krümmten sich Zehen, damit sie hineinpassten, pressten sich Knöchel gegen die Decke und drückten Dellen in die glatte Oberfläche. Egal, dass jeder Schritt zwickte – beseelt vom Vergnügen und den zusätzlichen drei Zentimetern, die dir die Pumps verliehen, eiltest du in Richtung Licht, Kameras, Action – und nahmst dabei keine Notiz vom Widerstand dieser handgefertigten italienischen Sohlen, die über rohen Beton kratzten. Minuten später wurden die Schuhe gelöst, in hohem Bogen weggekickt, beide Hälften in verschiedene Richtungen. Ein Riemchenpump lockerte sich, fiel ab, war eine Zeit lang nicht zu finden. Irgendwann wurde er von einer Assistentin aufgelesen und für den nächsten Einsatz als Paar wieder zusammengefügt – eine kurze Affäre mit zu kleinen Füßen, mit rutschenden, wackligen Fersen, bis die Haut wundgescheuert war, die Schuhe wieder weggeworfen wurden. Doch dann – innen waren sie noch warm, vom letzten Schweiß noch feucht – kamen sie, die perfekten Füße, die genau für diese Schuhe gemacht waren: Jeder gemeinsame Schritt war würdevoll, eine Verneigung vor der Handwerkskunst, eine Feier des Daseins.

Du sagtest: Wir hatten die Regel aufgestellt, einander keine Komplimente zu machen, aber dann rief alle paar Minuten jemand: Du siehst umwerfend aus!

Du sagtest: Mir fiel auf, dass die Fotografinnen sich eher auf die jüngsten Frauen konzentrierten, was für die Mode typisch ist.

Die Art, wie wir uns selbst sahen, wie wir einander ansahen und miteinander hinsahen, war während dieser zwei Tage am Set tatsächlich parteiisch.

Die Fotografin sagte: Ich wünschte, ich hätte von überall gleichzeitig fotografieren können. Ich hoffe, es sind nicht zu viele Frauen enttäuscht, dass sie nicht auf mehr Bildern zu sehen sind, nur weil ich nicht da war, um ihren Moment festzuhalten.

Erst im Nachhinein sollte sich herausstellen, wie die vielen flüchtigen Teile zu Ganzheiten verschmolzen, phasenweise und dauerhaft. Noch länger sollte es dauern, bis sich meine eigenen Eindrücke zusammenfügten, und erst, als ich das fertige Heft in Händen hielt, begann ich wirklich zu sehen: mehr Zusammenhänge wahrzunehmen, Kontinuitäten zu entdecken, lange Blicklinien zu erspähen, die weiter reichen, als ich erkennen kann, weiter, als ich vielleicht je wissen werde.

Du sagtest: Die Frage, die für mich die ganze Zeit präsent war und es weiterhin ist, lautet: Wer benutzt wen? Benutzen wir das Magazin oder sie uns? Die endgültige Form des Heftes wird für die Beantwortung dieser Frage entscheidend sein.

Was bedeutet »einander benutzen«, wenn es einvernehmlich ist? Und was bedeutet Einvernehmen in einem Szenario machtvoller Verführungen?

Du sagtest: Es gab ein Gefühl von Zustimmung. Alle, die erschienen, hatten sich entschieden, dabei zu sein, sodass dort Vertrauen herrschte, auch wenn die Situationen mitunter erst einmal befremdlich wirkten oder unangenehm waren.

Ist es immer eine Partei, die andere mehr benutzt oder mehr benutzt wird? Wird dadurch jemand mehr oder weniger benachteiligt? Zieht eine der Parteien – oder beide – Nutzen daraus?

Das menschliche Auge sieht nur drei Farben. Die Netzhaut verfügt über drei Arten von Zapfenzellen: Eine spricht auf Rot an, eine auf Blau und eine auf Grün. Diese drei Zapfenarten arbeiten zusammen, um Kombinationen von Lichtwellen wahrzunehmen, die uns helfen, Millionen anderer Farben und Schattierungen zu sehen.

Wie sehe ich aus? Meine Mutter sah hin. Ihre Augen huschten, schweiften, wogen ab, bewerteten – sie selbst. Sie kam immer schlecht weg. Meine Mutter sah hin. Was ihr Spiegelbild auch zeigen mochte, sie sah weniger als das, was da war, sie sah das, was, wie sie so oft zu hören bekam, fehlte; der Mangel verdeckt den Rest. Anderen gegenüber war ihr Blick großzügiger. Meine Mutter sah hin. Kleider – Schnitte, Farbkombinationen – fingen ihren Blick ein und bannten ihn. Meine Mutter sah hin. Sie erfreute sich am Stil, am Flair der anderen. Meine Mutter sah hin. Sie scannte eine Menschenmenge und entdeckte die Person in der schicksten Jacke oder den schrägsten Stiefeln. Sie warf einen Blick auf eine Kleiderstange und suchte nach dem einen perfekten Stück, das sich zwischen den anderen versteckte.

Meine Mutter sah hin und entdeckte überall Blumen: in der Maserung von Holz, in den Falten einer Serviette, im geometrischen Muster der Sitzpolsterung im Zug, im Spiel von Licht und Schatten auf dem Boden. Meine Mutter malte Blumen – unter den vielen Fantasien des »Weiblichen« wohl das konventionellste aller Symbole. Das Interesse dafür – und eine bemerkenswerte Begabung – entwickelte sie recht spät im Leben und witzelte gern, dass sie eine »Spätblüherin« sei. Jahrelang füllte sie Seidenbahnen mit kunstvollen Blüten, entlockte sie der Abstraktion, den Farbtropfen und -flecken, die sie über den Stoff verteilte. Zu dieser Zeit begann sie zu sagen: Ich habe mich nie als Feministin verstanden, aber –. Ihre Augen, Meister darin, Blumen aus dem Nichts zu schmeicheln, verstanden es, sie überall zu erkennen. Sie sagte: Ich habe mich nie als Feministin verstanden, aber –. Ihre Sichtungen waren gegenständlich, aber auch metaphorisch. In fast allem konnte sie potenzielle Blüten sehen. Meine Mutter sah hin und fand immer etwas Bewundernswürdiges. Schließlich erlaubte sie sich auch, die Dinge so zu sehen, wie sie waren, gewesen waren, nicht hätten sein sollen. Sie gestattete sich in Worte gekleidete Momente der Wut, Frustration, Skepsis. Ich habe mich nie als Feministin verstanden, aber –. Sie streute Komplimente wie andere Konfetti, ließ eine Bemerkung zur Frisur einer Kellnerin fallen, zur Tasche einer Mitreisenden, zum Ring einer Cousine – und doch scheute sie sich, Blütenblätter der Bewunderung anzunehmen, wenn sie ihr selbst entgegenkamen. Ich habe mich nie als Feministin verstanden, aber –.

Unser Shooting fand in den Reinbeckhallen statt, Teil des ehemaligen AEG-Werks in Berlin-Oberschöneweide. Die Halle und die umliegenden Gebäude zeugten von einer anderen Stadt zu Beginn des zwanzigsten Jahrhunderts, einer Vorreiterin der Stromindustrie. Berlin war international als Elektropolis bekannt. In den Reinbeckhallen selbst wurden damals Kabel produziert, Leitungen für die elektrische Energie.

Die Producerin sagte: Wenn man die Reinbeckhallen mietet, ist das normalerweise Teil eines Pakets, inklusive technischem Support und Catering. Ich habe dem Manager gesagt, dass wir unser Catering selbst organisieren wollen, aber er bestand weiter auf seinem Caterer – ebenfalls ein Mann. Also sagte die Producerin: Okay, er soll mir die Speisekarte und ein Angebot schicken, und solange das Personal vor Ort aus Frauen besteht, können wir uns vielleicht einigen. Das Angebot kam, aber das Essen war einfach nicht ansprechend. Sie rief den Manager an und sagte: Eigentlich möchten wir ein vegetarisches Catering. Was?, sagte er. Keine Buletten? Kein

Fisch? Er versuchte weiter, sie zu Frikadellen zu überreden. Schließlich sagte die Producerin: Es gelang mir, ihm klarzumachen, dass ich mein eigenes Catering organisiere. Und als ich zu dieser Frau sagte, dass ich vegetarisches Essen möchte, sagte sie: kein Problem.

Susan Sontag sagte: »Frauen und Männer werden unterschiedlich gewichtet, physisch wie kulturell, mit verschiedenen Konturen eines Selbst, die alle unbefragt dem als Mann Geborenen den Vorzug geben.« Sie sagte: »Niemand betrachtete Männer je als das zweite Geschlecht.« Sie sagte: »Und doch, und doch: Es gibt etwas Neues auf der Welt.«

Du sagtest: In meiner Generation gab es interessante Diskussionen über die Unterschiede zwischen Männern in Ost- und Westdeutschland. Meist ging es um ihren Blick auf Frauen. Auch heute noch hört man Geschichten von westdeutschen Frauen, die sagen, dass sie gern im Osten arbeiten, weil es dort kein so großes Ding ist, eine Frau zu sein.

Die Producerin sagte: Hat es einen Unterschied gemacht, dass wir alle Frauen waren? Ich glaube schon. Die Atmosphäre am Set war wirklich gut. Niemand war gestresst, weinte oder flippte aus. Irgendwann bat die Fotografin darum, dass an einem der hohen Hallenbalken eine Papierrolle aufgehängt wird, und mehrere Frauen kletterten dazu auf das Gerüst. Die Aufgabe war kompliziert, und es dauerte eine Stunde. Ich fand es gut, dass die Frauen diese Art von Arbeit selbst erledigten, aber noch besser gefiel mir, dass niemand hochkletterte und allen erklärte, wie sie es anders machen könnten – was in einem gemischten Umfeld ganz sicher passiert wäre. Es hätte einen Mann gegeben, der sich eingemischt und Anweisungen gegeben oder die Sache ganz an sich gerissen hätte.

Du sagtest: Die ostdeutschen Bundesländer sind nicht das Gleichberechtigungsparadies, für das sie sich ausgeben. Ich bin im Osten aufgewachsen, und meiner Erfahrung nach und je mehr ich über die Geschichte der sozialistischen Bewegungen weltweit erfahre, desto mehr glaube ich, dass ihr einziges vollbrachtes Kunststück es ist, die gesellschaftlichen Erwartungen an Frauen zu verändern. Diese Veränderung lief vielleicht nicht schnell ab, aber der Spielraum der Frauen, etwas Bestimmtes anzustreben oder abzulehnen, veränderte sich, und damit auch die weiblichen Subjektivitäten generell.

Inwieweit ist das in kapitalistischen Gesellschaften überhaupt möglich?

Die Skulptur hieß *Glass Drop*. Unter den Objekten der Begierde fanden sich mehrere davon: unterschiedlich große, von dir gemachte Tropfen. Hier war Skulptur in Bewegung: Formen, die in ihrem Gewicht, ihren Rundungen und Furchen Begehren trugen. War dies der scheinbar unmögliche Gegenstand, ein Objekt, auf das man alles und jedes projizieren konnte?

Du sagtest: Flüssiges Glas breitet sich auf einer Fläche aus und fließt langsam über die Kanten bis zur tropfenförmigen Erstarrung. Schicht um Schicht wird übereinandergegossen, und jede Schicht erhält dabei ihre ganz eigene Form.

Langsam zu festen Körpern erstarrte Fließbewegungen So hast du sie beschrieben, und doch ließen sie sich ebenso gut andersherum charakterisieren – als schnell fließende feste Körper. Der letzte Tropfen gab die Fließrichtung nicht preis, sondern trug beide Möglichkeiten in sich – und mehr, wie unser Unterfangen auch. Es gab keine festgelegte Fahrtrichtung, nur die Bereitschaft, alles in Bewegung zu setzen und zu sehen, welche Umrisse möglich werden, wie Dinge sich verfestigen, ob Formen sich immer weiterentwickeln würden, ohne zu erstarren.

Du sagtest: Mir ist klar geworden, dass ein Modemagazin wie ein Flugzeugträger ist, der nur in eine Richtung fährt, und dass wir nichts tun können, um seinen Kurs zu ändern. Ich begriff, dass wir machen konnten, was wir wollten, es würde nichts wirklich ändern, sie würden einfach ihr Ding durchziehen.

Die Modeassistentin sagte: Models kommentieren es nicht, wenn man ihnen etwas anzieht. Sie finden sich mit dem ab, was man ihnen überstreift, und gehen hinaus, um sich fotografieren zu lassen. Es war interessant, Frauen zu sehen, die sich weigern, sich freuen, die zögern, lachen, zweifeln.

Die Fotografin sagte: Frauen wie euch bekommt man in solchen Magazinen sonst nicht zu sehen. Ich weiß, ihr habt alle viel geleistet und seid auf eurem jeweiligen Gebiet sehr bekannt, aber als Nicht-Model landest du nur dann in diesen Publikationen, wenn du berühmt im Sinne von Promi bist. Ich fand es fantastisch, an etwas teilzuhaben, das solchen Frauen in einem solchen Rahmen Sichtbarkeit verleiht. Die Welt der Mode kann eindimensional sein. Ich war neugierig, was passieren würde, wenn sich Intellekt, Diversität und Mode vereinigen. Welche Art von mehrdimensionalen Bildern würden da wohl entstehen?

Du sagtest: Ich dachte – was erwarte ich von alldem für mich selbst? Und ich beschloss: Abenteuer, Herausforderung. Als Erstes gaben sie mir einen sehr eleganten Hosenanzug, ungefähr das, was ich mir selbst aussuchen würde. Als ich um etwas anderes bat, gaben sie mir ein sehr kurzes, schmal geschnittenes Kleid. Es war so eng, dass ich kaum Luft bekam. Du wolltest doch eine Herausforderung, sagte ich mir und behielt es an.

Du sagtest: Ich mochte die Auswahl der Kleider nicht und am wenigsten die Looks, die sie für mich aussuchten. Sie hatten eine feste Vorstellung davon, wie eine Frau meines Alters auszusehen hat.

Warum trägt sie das?, sagtest du. *Sie* war deine Mutter, du warst ihre Tochter – so wie auch ich, kraft Liebe und Gesetz. Sie war die Frau, die beim Kauf eines Wintermantels nach Eleganz, nicht nach Wärme geht, die nie Mützen trägt, weil sie so stolz auf ihr immer noch üppiges Haar ist, die jeden Winter ihre Krampfadern behandeln lässt, um im Sommer kurze Hosen und Kleider tragen zu können. Deine Mutter, die drei von euch allein großgezogen hat, in relativer Armut, für die Momente von Leichtigkeit oder Luxus vor allem aus Aufmerksamkeit von Männern für ihr Aussehen bestanden. Deine Mutter, die eines von euch verlor und die danach an euch, an sich selbst, am Leben festhielt, indem sie an ihrem Aussehen fest-, sich damit zusammenhielt. Deine Mutter, die an diesem Tag eine hellrosa Jacke ohne Top darunter trug, sodass du die faltige Haut ihres Dekolletés und, wenn sie sich bewegte, die Rundung ihrer Brüste, den Spitzenbesatz ihres BHs sehen konntest.

Das ist zu freizügig, sagtest du, das ist nicht angemessen!

Ich gab zu, den gleichen Gedanken gehabt zu haben, doch gleich darauf dachte ich auch: Meine Reaktion ist unangemessen, sie zeigt, wie konservativ ich bin, wie sehr mich gesellschaftliche Konventionen darüber, wie ältere Frauen auszusehen haben, prägen. Vielleicht sollten wir ihr vielmehr dankbar sein, sagte ich, dass sie mutig ist und unsere Vorstellungen davon, welche Körper öffentlich gezeigt werden dürfen, in Frage stellt.

Meinetwegen, sagtest du, vielleicht ist es gut, dass manche Frauen das tun. Aber nicht meine Mutter, das will ich nicht!

Du sagtest: Gewehrkugeln machen das süßeste zischende Geräusch, wenn sie vorbeifliegen, treffen sie einen Gegenstand oder eine Person in der Nähe, dann ist das wie das zarte Klicken einer Kamera.

Du warst die Frau, die Unmengen von Gelb befehligte und ein Kleid so souverän trug, als sei es eigens für dich entworfen worden. Du warst eine Sonne, die eilig die Kameras umkreisten, deren Klicken das raschelnde Lied deiner Gewänder passend untermalte.

In deinem Text für unser Heft erinnertest du uns an die Doppeldeutigkeit des Worts »Shooting«. Der Text bewegte sich zwischen dem Fotoset in Berlin und den Kriegsgebieten in Syrien und in dem Jahr, das für dich zeitlich zwischen beiden Realitäten stand.

Du sagtest: Eine deutsche Freundin sagte: Du siehst aus wie ein typischer Flüchtling!

Vor dem Shooting sagtest du, in Syrien seist du immer sehr modisch gewesen, aber in Deutschland sei dir dein Stilgefühl abhandengekommen. Von dieser Erfahrung, sagtest du, erhoffst du dir, einen neuen Stil zu finden. Ich weiß nicht, ob es dir gelungen ist, aber als ich dich in diesem Kleid und deinem Text über das Shooting sah, war klar: Du könntest *alles* stilvoll zuwege bringen.

Wie sehe ich aus? Mumji, geboren 1930 in Amritsar, Indien (so stand es in ihrem Reisepass, ausgestellt in Großbritannien in den 1960er Jahren). Mumji, die zweite von vier Schwestern, wuchs in einer Zeit, einer Familie, einer Kultur auf, in der Töchter als Last galten (der Druck, Schande zu umgehen, Mitgift zu zahlen). Mumji, die – mit vierzehn Jahren?, mit fünfzehn?, sechzehn? – eine Affäre hatte, schwanger wurde, das Kind behielt und heimlich gebar (wie ich mit Mitte zwanzig herausfand). Mumji, deren eigene Mutter ihr die Tochter wegnahm und als fünfte »Schwester« aufzog (von Anfang an wurde dieses Kind älter gemacht, als es war, um für Konfusion zu sorgen und von Verdächtigungen abzulenken). Mumji, die von der Liste der »Gesegneten und Geliebten« gestrichen wurde, für deren göttlichen Schutz ihre Mutter allabendlich lautstark betete. Mumji, deren einzige Chance, der Schande und dem Makel ihrer »Sünde« zu entkommen, darin bestand, ihr Aussehen einzusetzen, um fortzugehen. Mumji, deren »Fehltritt« vorübergehend vom plötzlichen Aufruhr der Zeit überdeckt wurde, von der rasenden Geschichte, der Teilung Indiens, von religiös motivierter Gewalt, von Massenvergewaltigungen, dem Chaos vielfältiger Verbrechen, die begangen, nicht gestanden und nie bestraft wurden. Mumji, die den Mann aus Kenia, der auf Brautschau kam, bezauberte, die ihr Land, ihre Familie, ihr Kind – alles – für eine zweite Chance im Leben zurückließ. Mumji, die fortan dem gemeinsamen Haushalt der großen Familie ihres Mannes in Nairobi angehörte, die von Verwandten umgeben war und sich dennoch allein, verletzlich, unsicher fühlte. Mumji musste besser aussehen, denn so wurde ihr Wert angesetzt, also begann auch sie, ihren Wert daran zu messen, selbst wenn damit die Abwertung anderer verbunden war. Ihr Blick war davon beeinflusst, nicht vollständig gesehen zu werden, aber exponiert zu sein, von einer Geschichte des Versteckens, des Misstrauens anderen gegenüber, aus Angst, durchschaut zu werden. Ja, sie redete ohne Punkt und Komma, zeigte mit dem Finger auf andere, machte Anspielungen, fluchte – doch allmählich erkannte ich, dass sie immer auch vage blieb. Als ich vor kurzem nachbohrte, wiederholte sie einfach schon oft Gesagtes oder erzählte scheinbar Dinge ohne jeden Bezug zu meinen Fragen. Sie redete viel, doch ebenso viel konnte sie nicht aussprechen. Manchmal denke ich, dass ich die Gründe verstehe, manchmal, dass ich sie nicht, noch nicht verstanden habe. Vielleicht werde ich sie nie ganz verstehen.

Du hast einen Brief auf Deutsch geschrieben und ins Englische übersetzt. Du batest mich, deine Übersetzung zu korrigieren. Beim Lesen dachte ich, dass nicht nur Kugeln querschlagen, sondern auch Schönheit, Lebensfreude und die Sehnsucht nach Freiheit.

Du sagtest: Wenn ich an unser Shooting denke, dann sehe ich dich in diesem rauschenden gelben Kleid mit schmaler Taille und Federkragen. Ich sehe dich, wie du erhaben, mit großen Schritten die Fabrikhalle durchmisst. Ich höre dich laut lachen. Ich stehe neben dir am Tisch mit unseren »Objekten der Begierde«, als du das Buch einer amerikanischen Feministin entdeckst, es in die Hand nimmst und sagst: »Ah, I translated this into Arabic.« Und dann legst du es wieder zurück, mit dramatischer Lässigkeit. Du sagtest: Eben habe ich den Text gelesen, den du über das Shooting geschrieben hast. Über unser Shooting mit all der Aufregung über Kleider,

Make-up und Frisuren. Und über das andere *shooting*, nur wenige Flugstunden von hier entfernt. Du sagtest: Als Soziologin habe ich mich selbst immer wieder zwischen Orten des Krieges und dieser Welt »hier« hin- und herbewegt. Zurückzukehren in eine Welt, in der die Wahl der Farbe der Schuhe vielleicht die wichtigste Entscheidung des Tages ist, war manchmal kaum auszuhalten und hat mich zerrissen. Diese Zerrissenheit habe ich in deinem Text wiedergefunden. Aber auch die Kraft und den Stolz und die Solidarität, die das Leben unter solchen Bedingungen mit sich bringt. Die unbändige und etwas wahnsinnige Energie eines rauschenden gelben Kleides mit Federkragen. Ohne die man an Orten des Krieges nicht überleben kann. Du sagtest: Du schreibst, eine Freundin habe dir einmal gesagt, im Alltag sähest du aus wie ein typischer Flüchtling. Ich weiß nicht, wie ein »typischer Flüchtling« aussieht. Doch ich wünschte, alle, die den Weg aus einem *shooting* hierher gefunden haben, dürften sich einmal so fühlen, wie ich dich an diesem Tag bei unserem Shooting gesehen habe: als königliche Gestalt, die in stolzem Schritt und mit herausforderndem Blick die Welt durchmisst.

Wir machen einander nicht genug Komplimente, sagtest du. Ich dachte an all die Male, als mir im Auftreten von jemand anderem etwas positiv aufgefallen war und ich es nicht erwähnt hatte, weil es albern wirkt, ein Gespräch mit einer Bemerkung über schöne Ohrringe, coole Schuhe oder die Farbe eines Pullovers zu unterbrechen. Manchmal schreibe ich im Nachhinein E-Mails: PS Wollte ich noch gesagt haben – dein Haar/deine Kette/die Bluse war toll!

Ich dachte an die übertriebene Bedeutung, die in meiner Familie dem Aussehen beigemessen wird, wie sehr ich es selbst verinnerlicht hatte und wie entschieden ich versuchte, es abzuschütteln. Und wenn ich es auch – noch – nicht abschütteln konnte, wie so vieles von dem, was mir mitgegeben wurde, so könnte ich es doch vielleicht sinnvoller, freundlicher nutzen.

Ich dachte an den Kommentar meines Großvaters bei jedem meiner Besuche mit meiner Schwester, ganz gleich, ob wir uns zuletzt gestern oder Monate zuvor gesehen hatten: Wie ich sehe, habt ihr ein, zwei Pfund zugenommen. Oder er sagte: Wie ich sehe, habt ihr ein, zwei Pfund abgenommen. Zu- und Abnehmen waren für ihn unterschiedlich konnotiert: Er fand uns zu dünn. Zwar fühlte sich das Wort »abgenommen« für uns – die um unterschiedliche kulturelle Präferenzen wussten – eine Spur besser an, doch milderte es nicht das beklemmende Gefühl des Kontrolliertwerdens, das Unbehagen, das die Waage in seinen Augen in uns auslöste. Sich selbst vermaß er auch. Ich habe ein, zwei Pfund zugenommen, seufzte er und steckte den Daumen in den Hosenbund. Ich habe ein, zwei Pfund abgenommen, sagte er und rückte seinen Turban zurecht, als könnte er dort die Veränderung spüren.

Ich dachte daran, wie ich mich zwang, kein Wort über das Aussehen meiner dreijährigen Nichte zu verlieren, wie ich mich mit aller Mühe zurückhalten musste, mein Entzücken über ihre Schönheit, den hinreißenden kleinen Körper in hübschen Kleidern und schicken Badeanzügen nicht ständig aufs Neue laut kundzutun.

Ich dachte daran, wie ich bei jeder Gelegenheit versuchte, meiner Mutter ein Kompliment zu machen, weil ich fand, dass sie nie genug Bewunderung erfahren hatte und alle Zeit der Welt nicht reichte, um sie in gebührendem Maße zu bewundern. Als könnte ich so das Verlorene ausgleichen, das, was die eigene Mutter ihr nicht geben konnte, was sie uns – ihren Töchtern – so unbedingt zu geben versuchte und beim Geben auch verlor, weil sie dabei zu viel von sich selbst hatte nehmen müssen. Wir erben, so scheint es, alles: die Korrekturen ebenso wie die Fehler.

Du sagtest: Angesichts von so viel wahrer Schönheit wird man demütig. Wie oft hören wir: »Alle sind auf ihre Weise schön« – beim Shooting fand ich eine ganz andere Beziehung zu diesem Satz.

Ich dachte an mein eigenes Bedürfnis nach Bestätigung, wie gern ich über Äußerlichkeiten erhaben sein wollte, aber noch immer zu viel darauf gab. Womit ich wieder bei meiner Mutter landete und den Schmeicheleien, die ich in ihrem Fall rechtfertigte, bei anderen jedoch scheute. Warum waren Komplimente nur bei manchen in Ordnung? Wie viel hatte das alles mit mir zu tun, mit meinen Vorstellungen davon, wer ich sein könnte oder sollte, je nach Kontext und Gesellschaft?

Du sagtest: Es war eine unerwartete Freude, die Schönheit in uns selbst und in einander ungeniert zu genießen.

Ich dachte daran, was es wohl zu bedeuten hatte, dass solche Momente tiefer Verbindung und Erkenntnis in einem so künstlichen, vermittelten und letztlich kommerziellen Umfeld möglich waren – oder gerade dank dieses Umfelds? Ich dachte, es habe nicht am Umfeld gelegen, sondern an dir-euch-mir-uns. Oder habe ich mir etwas vorgemacht?

Wir dachten, das hier wäre etwas für dich, sagte die Stylistin. Ich sah nichts als Grau. Es ist etwas langweilig, sagte ich. Nicht, wenn du es anhast, sie reichte mir das Outfit. Probier es einfach mal an, sagte sie.

Du sagtest: Es war eine Offenbarung, das viele Handwerk im Unternehmen Mode zu entdecken. Und auch eine Offenbarung, mit meinen eigenen Vorurteilen konfrontiert zu werden, mit meiner klischeehaften Vorstellung von einem Fashion Director. Stattdessen habe ich die Stylistinnen als unglaublich freundliche, bescheidene, bodenständige Frauen mit einem erstaunlichen Auge fürs Detail erlebt. Mir wurde klar, dass sie im Grunde Kunsthandwerkerinnen sind.

Als ich eine weiße Bluse überstreifte, war ich noch immer skeptisch; als ich den Reißverschluss am Rock schloss, dämmerte mir langsam, dass die Stylistin Recht hatte; als ich die Jacke anzog, begriff ich, dass hier etwas Außergewöhnliches vor sich ging; als ich in papageigrüne High Heels schlüpfte, wurde mir klar, dass dieses Ensemble mich verändert hatte. Meine durch dicke Stoffrüschen verlängerten Schultern fühlten sich um Meter breiter an; die steifen Falten des Wollrocks verbreiterten meine Statur; die Schuhe verliehen mir zusätzliche Länge. Ich beanspruchte viel mehr Raum als sonst. Ich hatte eine andere Präsenz, kraftvoller, weil ich größer war, aber auch, weil ich mich fantastisch fühlte.

Ich musste die Sachen gleich danach wieder ausziehen: Offenbar waren sie zu zerknittert und mussten dampfgebügelt werden. Das ließ mich an den Raum auf der anderen Seite der Halle denken, voller Kartons, in denen die Kleidungsstücke geliefert worden waren. Mehrere Mitarbeiterinnen des Magazins hatten fast den ganzen Tag zuvor damit verbracht, die Sachen auszupacken und aufzuhängen. Später würden sie noch bis weit in den Abend hinein bleiben, um für die zweite Runde des Shootings weitere Stücke auszupacken. Am Tag danach würden sie alles wieder einpacken und zum nächsten Shooting nach Paris schicken. In diesen Kleidern – Reihe um Reihe, Stange an Stange – spukten vergangene und noch kommende Träger*innen; Sehnsucht und Enttäuschung geisterten in ihren Falten umher; in ihren perfekten Nähten wisperten Kostengespenster – Kosten für die Arbeiter*innen, für die Frauen, für den Planeten.

Während wir an unserem Heft für Januar 2020 saßen, probierte auch die italienische Ausgabe etwas Neues aus: ein Heft mit acht Titelseiten, Illustrationen verschiedener Künstler*innen, die echte Models in Kreationen bekannter Designer*innen zeigen. Unten auf jedem Cover war zu lesen: Für dieses Heft wurde auf Fotoshootings verzichtet. Schnell drängte sich die Frage auf, ob das nicht einfach eine weitere Marketingidee war. Im Editorial wurde ein Teil dessen aufgelistet, was angefallen war, um das umfangreichste Heft aus dem Jahr 2019 mit Originalfotografien zu füllen: einhundertfünfzig Beteiligte. Rund zwanzig Flüge und etwa ein Dutzend Zugreisen. Vierzig Autos auf Stand-by. Sechzig internationale Transporte. Eingeschaltetes Licht über mindestens zehn Stunden, wobei der Strom zum Teil von benzinbetriebenen Generatoren kam. Lebensmittelabfälle vom Catering. Plastik zum Einwickeln der Kleidungsstücke. Strom zum Aufladen von Telefon- und Kamera-Akkus, zum Betrieb von Kaffeemaschinen und Wasserkochern. Strom für unzählige Telefonate, SMS, Internetrecherchen, Datensicherung.

Seit Jahren finden sich auf den Web- und Printseiten von Modemagazinen Artikel, die den Horror von Sweatshops und die ausbeuterischen Arbeitsbedingungen dort herausstellen. Texte über die Umweltkosten von Mode und dringend erforderliche Nachhaltigkeit. Geschichten über #MeToo, Beiträge über Feminismus. Es gibt Kolumnen über Körperbilder und den unerträglichen Druck, der auf Models lastet, unnatürlich dünn zu sein. Aufrufe, sich zu einem weltweit geltenden Model-Mindestalter von 18 Jahren zu verpflichten. Doch was hat sich geändert? Die Magazine sehen aus wie immer. Die Models mögen etwas diverser sein, aber sie sind nach wie vor extrem dünn und sehr jung, tragen den immer gleichen Gesichtsausdruck zur Schau – irgendwo zwischen geistiger Leere und einem verträumten Blick ins Nichts oder unverhohlen sinnlich und einladend, den Mund halb geöffnet. Die Kleidung wird weiterhin in aller Regel unter grausamen Bedingungen hergestellt. Die meisten Protagonist*innen in jeder Phase eines jeden Prozesses, der im Begriff »Mode« mitgemeint ist, sind wie bisher unterbezahlt – manche deutlich mehr als andere.

Die Herausgeberin der italienischen Ausgabe sagte: Es war unsere Art zu sagen, dass wir uns darüber bewusst sind, Teil einer alles andere als nachhaltigen Branche zu sein.

Oft heißt es, ein Problem als solches zu erkennen, sei bereits der halbe Weg zu dessen Lösung. Das stimmt nicht. Einen Fehler zu benennen – so wichtig diese Phase auch ist –, bringt einen nicht unbedingt auch nur einen Schritt in Richtung Abhilfe. Lösungen, Verbesserungen, Veränderungen entstehen allein durch die aktive, kontinuierliche – manchmal lebenslange – Beschäftigung mit einem Problem. Und zu diesem Weg gehört die Selbstbefragung ebenso wie die Befragung des Problems. Doch mitunter stellt sogar die Befragung eine Art Ausflucht dar: Man macht sich ausgiebig und eloquent Gedanken über das Dilemma, ohne je das eigene Handeln zu verändern. Als würde man Buße tun und dabei weiter sündigen. Ich frage mich, wie sehr auch ich das wohl mache.

Ein Modemagazin steckt in demselben existenziellen Dilemma, mit dem sich viele Branchen und Menschen konfrontiert sehen: Muss man das, was man ist, völlig aufgeben, um zu sein, was man angeblich werden will? Ist eine nachhaltige (geschweige denn feministische) Modezeitschrift nicht eigentlich ein Widerspruch in sich?

Als ich – wieder auf meine normale Größe zurückgeschrumpft – allein in der Umkleide stand und auf das knitterfreie graue Kostüm wartete, fühlte ich mich kurz ein wenig wie die ausgepackten Kartons – nur dass ich äußerlich »leer« war und die Frauen vermisste, die jenseits der Kleiderstangen standen und deren Nähe sich wie ein Schild und ein offener Himmel zugleich anfühlte, sowohl Schutz als auch unendliche Möglichkeiten bietend. Ich vermisste auch diese Villa von Kostüm, seine überschwängliche Umarmung, seine Tudor-Pracht. Als ich es wieder anhatte, wollte ich für immer darin wohnen, und erst später begriff ich, weshalb: Weil ich mich darin so fühlte wie in der Gesellschaft der Frauen, als wäre ich im Stoff von Möglichkeiten gekleidet.

Wie wäre es, auf ewig einen aus dieser Präsenz gewebten Umhang der Solidarität zu tragen, seine beruhigende Wärme um meine Schultern zu spüren, seinen festen Schutz in meinem Rücken?

Du sagtest: Vor den Kameras zu stehen, empfand ich als überhaupt nicht zudringlich, solange ich mit anderen zusammen war. Ich wurde nur unsicher, wenn ich allein war.

Nein, redet einen Augenblick mal nicht, sagte die Fotografin. Wir verstummten, nur um einen Moment später wieder anzufangen, ohne es zu merken. Nein, wartet! Bleibt mal kurz so stehen; nein, seht mich an, nicht einander. Wir befolgten die Anweisungen, obwohl wir beschlossen hatten, die typischen Bilder von Models, die – allein oder als Teil einer Gruppe – in die Kamera oder in die Ferne starren, nicht nachzuahmen. Nein, rutsch rüber; nein, nicht lächeln; nein, mach das nochmal; nein, das funktioniert nicht. Ich spürte eine vertraute Spannung um meinen Mund, als die Kamera sich näherte, und versuchte, sie mit einem Lächeln zu lösen. Nein, nicht lächeln, sagte die Fotografin. Ich fügte mich. Die Kamera klickte, bis unsere Blicke sich trafen, du mich zum Lachen brachtest und es uns gemeinsam gelang, unseren Gehorsam zu zerstreuen, zu stören.

In *The Dialectic of Sex* (auf Deutsch *Frauenbefreiung und sexuelle Revolution*) kritisierte Shulamith Firestone das Klassensystem der Geschlechter und dessen kulturelle Indoktrinationsmittel zwar heftig, sagte aber dennoch: »Es gibt keinen Grund für Feministinnen, sich päpstlicher als der Papst zu gebärden und zu glauben, die Schönheit des Titelgesichts von einer Modezeitschrift müsse unbedingt abgelehnt werden. Denn darum geht es nicht. Uns interessiert: Ist dieses Gesicht auf eine menschliche Weise schön? Darf es älter werden, sich verändern, verfallen, kann es positive und negative Emotionen ausdrücken, hat es auch ohne künstliche Prothesen Bestand – oder imitiert es trügerisch die völlig andersgeartete Schönheit eines unbeseelten Objektes, etwa wie Holz, das wie Metall aussehen soll?«

Ihr wart weg, fortgezogen von der Fotografin, und ich war einen Moment lang allein. Ich wandte mich dem Tisch zu, auf dem sich verschiedene Dinge stapelten, die wir mitgebracht hatten – Bücher, Skulpturen, Landkarten, eine Lampe, Erbstücke, Schmuck. Dazwischen zwei Tücher meiner Mutter, deren Seide ihre Farbfülle auf den anderen Dingen versprühte, wie auch auf mir, wenn ich sie trug. Sie umzulegen fühlte sich an, als hätte meine Mutter meinem ganzen Wesen Glanz aufgetragen, nicht nur meinem Outfit einen modischen Pinselstrich hinzugefügt.

Du sagtest: Es gab so viele Bücher, aber als ich zu lesen versuchte, merkte ich, dass ich mir Gedanken um meinen Look machte und ständig hier und dort etwas richtete, damit auch ja alles so saß, wie es – für die Kamera – sein sollte. Ich bemühte mich sogar, meinen Kopf in einem möglichst fotogenen Winkel zu halten, ob die Kamera nun da war oder nicht. So konnte ich natürlich nicht lesen. Ich war schockiert, dass das Set eine solche Wirkung haben konnte.

Man meint: Je näher man dem Zentrum kommt, desto mehr kann man in der Welt und in anderen neu gestalten, doch je näher man dem Zentrum kommt, desto mehr begreift man, wie schwer es allein schon ist, aus der eigenen Passform auszubrechen.

Du bist zwanzig Jahre jünger als ich, und als ich hörte, wie es für dich war, stand mein eigenes Verhalten deutlich vor mir. Und das Alter, dachte ich, und die Zeit? Und das angesammelte Gewicht der Erfahrung, des Denkens, des Schreibens? Der Kampf darum, keinem Typ zu entsprechen? Wie konnte sich all dieses bewusste Handeln der latenten Kraft der Genderkonformität, der Heteronormativität gegenüber als derart schwach erweisen? Weil das Bewusstsein dafür relativ neu und die »Norm« seit Jahrtausenden fest verwurzelt ist. Ein Unterschied wie zwischen Kernholz und Borke: Die alten, innenliegenden Schichten eines ausgewachsenen Baumes, die entscheidend zu seinem Umfang beitragen, gelten als »nicht lebendig«, stützen jedoch den lebenden Baum und halten ihn aufrecht. Das Kernholz zerfällt nicht, solange die äußeren Rindenschichten intakt und funktionstüchtig sind. Bei manchen Bäumen kann das Kernholz fest wie Stahl sein.

Das Kernholz der Genderkonventionen wird es unter meiner Feminismus-Rinde immer geben. Wird das in gewissem Maß für uns alle gelten, bis wir in einer gänzlich anderen Umwelt wachsen können, bis das Kernholz selbst ungegendert oder wenigstens proteischer ist?

Bevor ich mich versah, richtete eine andere Fotografin ihre Kamera auf mich. Wieder spürte ich, wie die Anspannung meine Gesichtszüge verkrampfen ließ. Diesmal erlaubte ich mir kein linderndes Lächeln. Ich bin sicher, mein Gesichtsausdruck war leer, so wie der Kopf manchmal einen Augenblick lang mitten im Gespräch leer sein kann. Waren all meine geistigen Kräfte, meine kreativen Ressourcen, auf die ich mich normalerweise verlassen kann, vorübergehend stummgeschaltet? Anscheinend hatte ich der Anziehungskraft der Linse und dem Druck, den sie auf mich ausübte, dem Druck, gefallen zu wollen, überhaupt nichts entgegenzusetzen.

Susan Sontag sagte: »Wie Frauen und Männer in Wirklichkeit aussehen (oder auszusehen sich erlauben), ist nicht identisch mit dem, was vor der Kamera als angemessene Erscheinung gilt. Was auf einem Foto richtig oder attraktiv aussieht, ist oft nicht mehr als die Illustration der allgemein als ›naturgegeben‹ empfundenen ungleichen Machtverteilung, wie sie Frauen und Männern der Konvention nach zugeschrieben wird.«

Was soll ich tun?, sagte ich.

Was du willst, kam die Antwort, und ich wusste, dass die Fotografin es ernst meinte, sie war neugierig und gab mir eine Chance.

Ich tat nichts. Ich stand vor dem Tisch voller Objekte der Begierde und berührte eines der Tücher meiner Mutter. Ich fuhr mit den Augen über verschiedene Gegenstände, während meine Finger über ihnen schwebten, stockten. Kein einziges Objekt konnte ich in die Hand nehmen. Passt das hier zu meinem Outfit? Passt das da zu unserem Heft? Bringt es das Bild durcheinander? Ich wollte nach meinem Buch greifen, hatte aber Sorge, es würde zu sehr nach Eigenwerbung aussehen. Ich wollte nach einem anderen Buch greifen, hatte aber Sorge, es würde zu sehr nach Prätention aussehen. Ich wollte nach dem Schal meiner Mutter greifen, hatte aber Sorge, es würde zu sehr nach Nepotismus aussehen. Ich tat nichts. Ich stand vor der Kamera und wühlte mich in Gedanken durch verschiedene Skripte auf der Suche nach einer Rolle, die ich spielen könnte. Ich wollte die Schriftstellerin und die Tochter sein, die Intellektuelle und die Fashionista, das Individuum und das Kollektiv. Ich wollte das Tuch meiner Mutter tragen. Ich tat nichts. Es kam mir nicht in den Sinn, eine von euch um Hilfe zu bitten. Zu groß war meine Sorge, wie es aussehen würde, etwas nur für mich zu wollen, für meine Mutter, vielleicht sogar für Mumji. Ich sah direkt in die Kamera, leer.

Du sagtest: Ich bewunderte die Frauen, die das Angebot ernst nahmen, den vorhandenen Raum für das zu nutzen, was auch immer sie wollten.

Du brachtest ein traditionelles Hochzeitskleid mit, zogst es an und sorgtest dafür, darin fotografiert zu werden. Du brachtest dein jüngstes Buch mit und hattest es die ganze Zeit dabei. Du trugst dein gewagtestes Gedicht vor und batest jemand anderen, die deutsche Übersetzung zu lesen.

Ich tat nichts. Ich konnte meinem Begehren keinen Ausdruck verleihen.

Du sagtest: Sie sagten mir schon am ersten Tag, ich müsse Kompromisse eingehen, weil sie Schwierigkeiten haben, Sachen in meiner Größe zu bekommen. Momentan, fast ein Jahr nach der Geburt meines Sohnes, habe ich Größe 38/40. Aber auch die größeren Sachen, die sie mir gaben, passten nicht richtig, weil ich eher klein bin. Ich mochte auch die Frisur nicht, die sie mir verpassten, und selbst nachdem ich gesagt hatte, dass ich mich unwohl fühle, wollten sie nichts daran ändern. Das war alles ein wenig enttäuschend. Am zweiten Tag kam ich mir etwas vergessen und übersehen vor, obwohl mein Outfit besser war.

Die Stylistin sagte: Wir bekommen jedes Outfit nur in einer bestimmten Größe. In unserer Welt ist Größe 34 Standard. Früher war es 36, aber im Laufe der Jahre wurde alles immer kleiner. Man könnte sagen, dass ich einen Fehler gemacht habe. Ich habe nicht damit gerechnet, dass mehr Frauen Kleider oder etwas Enganliegendes tragen wollen. Wäre mir das früher klar gewesen, hätte ich größere Größen bestellen können.

Du sagtest: Wer nicht dünn war, bekam einfach einen großen Mantel, um die Kurven zu verdecken.

Du sagtest: Ich stand in der Umkleide mit geschlossenem Vorhang und weinte eine Minute lang.

Du sagtest: Ich fand es bewundernswert, dass alle anwesenden Frauen im Alltag hart arbeiteten. Ich konnte ihre ganze Erfahrung sehen und hatte den Eindruck, dass es vor allem diese Erfahrung war, die sie so stylish machte.

Die Visagistin sagte: Manches in deinem Gesicht siehst du, aber ich nicht, manches sehe ich, aber du nicht. Mein Job ist es, zwischen alldem zu navigieren, zwischen dem, was gesehen oder nicht gesehen wird, was unsichtbar bleiben oder sichtbar werden soll.

Du sagtest: Ich konnte kaum atmen, als die Visagistin mit ihren Fingern über mein Gesicht fuhr. Ich dachte, sie kleistert mich zu. Sie fragte, ob alles in Ordnung sei. Ich sagte, dass ich mir Sorgen wegen meiner Narben machte. Sie sagte: Gerade dachte ich, du bist jemand, die nicht viel Make-up braucht.

Du sagtest: Manchmal fragte ich mich: Muss ich hier sein? Würde es einen Unterschied machen, wenn ich es nicht wäre?

Du sagtest: Die interessantesten Gespräche hatte ich mit anderen People of Colour oder Frauen mit gemischtem Hintergrund. Wir sprachen, vermutlich angeregt durch dieses Modeumfeld, viel über Aussehen, und wir landeten bei der Überlegung, was es in dieser Gesellschaft bedeutet, so auszusehen, wie man aussieht. Ich hatte eine längere Diskussion über afrikanisches Haar. Du sagtest: Am zweiten Tag hatte ich eine andere Haar-Stylistin, und ich merkte schnell, dass sie mit meiner Art von Haar kaum Erfahrung hatte. Sie versuchte mehrfach, mir eine Frisur zu machen, die sie schon bei anderen gemacht hatte: einen straffen, kleinen Dutt, der mit mehreren geflochtenen Zöpfen aus einem Pferdeschwanz geformt wird. Hätte ich gewusst, was sie vorhatte, hätte ich ihr sagen können, dass es nicht funktioniert. Ich war überrascht, denn alle unsere Stylistinnen waren ja wirklich talentiert und erfahren, und ich ging davon aus, dass das gesamte Frisurenteam mit afrikanischem Haar bestimmt umzugehen weiß. Die Stylistin glättete mein Haar vorn mit einer Zange und machte am Hinterkopf einen sehr festen Dutt. Meine Locken waren total gezähmt. Ich zog damit los, musste aber immer wieder an das Gespräch vom Vortag denken. Ich dachte: Wenn ich mit dieser Frisur in unserem Heft ende, wie kann ich das vor den anderen rechtfertigen? Also ging ich zurück zur Stylistin und sagte sehr behutsam: Es tut mir wirklich sehr leid, aber aus politischen Gründen kann ich diese Frisur nicht tragen. Die Frau war sichtlich verletzt. Ich versuchte deutlich zu machen, dass sie nicht verantwortlich dafür war, aber es half nicht. Allein das Thema aufgebracht zu haben, war schmerzhaft.

Du sagtest: Ich habe während des gesamten Shootings die Kamera gesucht, bin auf sie zugegangen. Ich dachte: Ich bin nicht hier, um abseitszustehen.

Du sagtest: Mir ist klar, dass ich von vornherein Grenzen setzen muss. Ich merke, dass etwas nicht so läuft, wie ich es mir wünsche, hoffe aber das Beste und sage nichts, und später muss ich zurückrudern, was es für alle nur schwieriger macht. Sie steckten mich in dieses fließende, geblümte Kleid, das ich hasste, aber sie sagten mir immer wieder, es sei perfekt, und ich dachte, na ja, vielleicht wissen sie ja mehr, vielleicht sollte ich einfach offen sein und es akzeptieren. Ich muss diese Balance besser austarieren, zwischen der Einwilligung, etwas Neues entstehen zu lassen, und dem Wissen, wenn es einfach nichts für mich ist. Die Frauen, die ihre Wünsche klar äußerten und nicht nachgaben, wenn sie etwas nicht wollten, habe ich wirklich bewundert.

Was ist das?, sagte Mumji manchmal zu meiner Mutter, meiner Schwester oder zu mir. Ist das neu?, sagte sie mit missbilligend gerunzelter Stirn. Meist war es das nicht. Dinge, die nichts mit dem Gesicht zu tun hatten, fielen ihr nicht so leicht auf. Selbst eine dramatische Veränderung der Haarlänge oder -farbe konnte monatelang unbemerkt bleiben. Doch sobald ein Detail ihre Aufmerksamkeit erregte, betrachtete sie es genauer, schüttelte den Kopf und lachte, als könnte dieses schöne Geräusch – sie hatte ein hinreißendes, ansteckendes Lachen – dem Stich als Gegengift dienen. Das also tragen sie heutzutage?, sagte sie in einem Ton, der andeutete, dass sie – wer auch immer sie sein mochten – alle verrückt seien. So ist die Mode, sagte meine Mutter und berief sich auf einen Trend, als hätte dieser mehr Gewicht als ihr eigener Geschmack oder ihre eigene Meinung. Ha, *fashiona-pitti*, sagte Mumji. Fashion Victim.

Ständig sagte sie meiner Mutter, was sie anziehen sollte und was nicht, doch sobald meine Mutter auch nur versuchte, ihr etwas Schmeichelhafteres vorzuschlagen oder auf die Verfärbung in einem der alten Stücke hinwies, das Mumji wiederverwerten wollte, stellte Mumji klar, dass diese Anmerkungen nicht willkommen waren. Sie arrangierte ihren Chunni einfach über dem Fleck auf dem Kamiz und erinnerte meine Mutter daran, dass sie, wo immer sie sich blicken ließ, die *Beste* war.

Du sagtest: Mich erschreckt immer wieder, wie leichtfertig Frauen ihre Handlungsfähigkeit aufgeben. Das fällt mir sogar auf, wenn wir uns nur zum Diskutieren treffen. Wir lassen uns überrennen. Beim Shooting gaben die Frauen dem Setting nach, schwammen mit dem Strom. Das ist auch eine Fähigkeit, aber was ist mit dem Kontrapunkt? Was ist damit, der Strömung Widerstand zu leisten oder sie umzulenken? Ich frage mich: Was treibt Handlungsfähigkeit an, was macht sie sichtbar und spürbar? Was macht sie bleibend?

Agnès Rocamora und Anneke Smelik sagten: Unsere Handlungsfähigkeit äußert sich in materiellen Dingen und Objekten – in Kleidung etwa.

Die Stylistin sagte: Mit einer Frau sind wir so viele verschiedene Outfits durchgegangen, und immer wieder sagte sie: Nein, das ist nicht richtig. Irgendwann sagte sie schon nein, ohne meinen Vorschlag auch nur anzuprobieren. Es war spät geworden, ich war schon ziemlich erschöpft, und etwas in mir wollte aufgeben, aber ich zeigte ihr immer wieder etwas Neues, und schließlich fanden wir eine wirklich gute Kombination. Plötzlich standen wir nicht mehr kurz vor einem Streit, sondern feierten gemeinsam.

Handlungsfähigkeit meint nicht allein das Vermögen einer Frau, jederzeit mehr oder weniger frei zu handeln. Handlungsfähigkeit wird von der Geschichte gestaltet. Und jahrhundertelang wurden Frauen nicht nur daran gehindert, unabhängig zu handeln, sondern mussten feststellen, dass es kaum einen Unterschied machte oder sogar bestraft wurde, wenn sie es taten.

Rebecca Solnit sagte: »Ich litt an Stimmlosigkeit, weil ich so viele vergebliche Erfahrungen gemacht hatte.«

Ich erlebte Mumji nur ein einziges Mal ganz und gar sprachlos: als ich gemeinsam mit meiner Mutter und meiner Schwester versuchte, mit ihr über ihre Vergangenheit zu sprechen, ihr zu sagen, dass wir von dem unehelichen Kind wussten, dass es in Ordnung sei, dass sie sich nicht mehr verstellen müsse. Sie schluckte immer wieder, sie bat um Wasser, ihre Stimme brach. Ein paar Minuten lang schien es, als seien wir durchgedrungen – zu ihr, zu einer anderen Ebene unserer Beziehung. Und dann brüllte sie zurück; ihr Dementi traf uns mit voller Wucht, und wir bekamen es fortan ständig zu hören. Wiederholt brachte sie ihn zur Sprache – *jenen Tag*, an dem wir sie mit falschen Anschuldigungen überfallen hatten. Nein, nicht wir. Natürlich beschuldigte sie meine Mutter, die immer das Meiste abbekam.

Es gibt verschiedene Arten von Stimmlosigkeit. Manchmal äußert sie sich in Form von Geschrei.

Was ist nötig, um diese Stimmlosigkeit zu überwinden? Jahrhunderte, in denen Frauen Handlungsfreiheit ausleben und so lange darin unterstützt, ja sogar dafür gefeiert werden, bis die Stimmhaftigkeit zum Axiom wird?

Bedeutung schaffen, Verbindungen schaffen, auch das sind Mittel, um Strukturen zu schaffen; temporäre, multivalente Strukturen, die eingefahrenen, monolithischen Strukturen entgegengesetzt werden. Vielleicht sind das die beständigsten Strukturen, weil sie flexibel sind, spielerisch, respektvoll, reichlich vorhanden. Darin zu bleiben, auszuharren – gemeinsam –, das ist es, was überdauert, das ist das Wertvollste.

Wie sehe ich aus? Was hast du gegessen? Inzwischen empfinde ich beinahe widerwilligen Respekt für Mumjis Fragen, für ihre Unbefangenheit, bestimmte Wünsche zu äußern. Selbst wenn sie keine Antwort erhält, die ihr Verlangen sättigen kann, so war sie immerhin imstande, es auszusprechen. Was mir immer noch Rätsel aufgibt und mich schmerzt, ist die Frage, wie ihre Geschwätzigkeit so viele Arten des Schweigens einkleiden konnte – mehr als mir bewusst waren, bis ich dies schrieb, mehr als ich je kennen werde.

Kleider haben Macht, sie haben Wirkung, sagte die Stylistin. Gib dir Zeit in den Sachen. Behalte sie so lange an, bis du sie nicht mehr wahrnimmst.

Ich war in meiner Kostümvilla vollkommen zufrieden, doch als ich sah, dass andere ihre Outfits wechselten, wollte auch ich einen neuen Look.

Shahida Bari sagte: »Ein Gespür für Kleidung ist ebenso ein besonderes Talent wie ein Ohr für Musik oder eine Begabung für Zahlen.«

Ich kleidete mich um, zog aber später das Kostüm wieder an und trug es den ganzen Tag.

Text und Textil haben die gleiche etymologische Wurzel: das lateinische *texere* – weben, verbinden, zusammenfügen, flechten, verflechten, gestalten, erschaffen, bauen. Text und Textil werden aus verschiedenen Materialien geformt, und doch bieten uns beide auf ihre Weise wesentliche strukturelle Merkmale für unser Leben – für unser Selbst- und Weltgefühl.

Das fertige Stück ist in beiden Fällen stets konstruiert, zusammengenäht und kann daher auch auseinandergenommen, mit etwas anderem verbunden, neu gemacht werden. In dieser Fähigkeit zur Veränderung liegt eine Analogie zur Erneuerung unserer eigenen Möglichkeiten, zu sehen und zu sein.

Dana Thomas sagte: 60 Prozent unserer Kleidung enthalten synthetische Stoffe wie Polyester, also eine Form von Plastik. Polyester zersetzt sich nicht, kann nicht recycelt werden und landet daher auf der Mülldeponie. Wird es mit einem anderen Stoff, Baumwolle etwa, gemischt, kann auch dieser nicht recycelt werden. Zudem spülen Kleidungsstücke, die Polyester enthalten, bei jeder Wäsche Mikroplastik aus. Eine durchschnittliche Wäscheladung gibt schätzungsweise sechs Millionen Mikrofasern in das Wassersystem und damit in die Umwelt ab.

Hast du etwas anderes für mich?, fragte ich die Stylistin. Schon vertraute ich ihrem Urteil und konnte es kaum erwarten, ihren Vorschlag zu sehen.

Du sagtest: In den letzten Jahren habe ich meinen Körper vor allem als den einer Mutter verstanden. Mein Körper war den Kindern gewidmet, hat sie genährt, beruhigt und genossen. Kleidung spielte keine Rolle, weil alle meine Sachen am Ende voller Essen, Spucke oder Milch waren. Mir gefiel der Gedanke sehr, von jemandem angekleidet zu werden, der weder mich noch das Gepäck meiner dreiundvierzig Jahre kennt.

Die Stylistin sah mich einen Moment lang an. Wie wäre es mit einem harschen Kontrast, sagte sie, glatt und glamourös? Eine ihrer Assistentinnen brachte ein mit schwarzen Perlen glitzerndes Kleid. Ich glaube nicht, dass es mir passt, sagte ich. Versuch's einfach mal, sagte sie. Ich war mir sicher, dass es nicht passen würde. In den vergangenen Tagen hatte ich schlecht gegessen, am Morgen hatte sich meine Jeans etwas zu eng angefühlt. Ich sah mich schon aus dem Kleid hervorquellen – dann berührte der Stoff meine Haut: kühl, behütet, schwer. Sein üppiges Gewicht drückte gegen meinen Körper, dann umfing es mich, als jemand den Reißverschluss am Rücken hochzog. Ich trug ein Korsett aus Pailletten: es glättete mich, dehnte mich.

Das Kostüm hatte meine Dimensionen erweitert, die Wohnstatt meines bekleideten Ichs von Haus zu Villa ausgedehnt, doch ich blieb darin weiterhin die Herrin. Das Kleid übernahm – trotz seiner dezenten Linienführung, seines schlichten Schnitts – die Macht, nahm meinen Körper ein, ertränkte mich, diktierte die Bedingungen. Wenn das Kostüm ein Gebäude war, dann war das Kleid ein tiefer Brunnen in einer dunklen Nacht, dessen Oberfläche im Licht jedes Kompliments funkelte, während ich es anhatte; jedes bewundernde Wort zerbrach über den flüssigen Perlen in eine Million glänzender Scherben. Dieses Kleid trug mich: Es verlangte von mir, die Schultern zurückzuziehen, den Kopf zu heben, den Bauch anzuspannen und nur flach zu atmen. Es wies mich an, mich vorsichtig zu bewegen und den Stoff an den Oberschenkeln zu greifen – es hochzuheben, damit der Saum nicht über den Boden schliff, es verfügte, dass ich in den papageigrünen High Heels langsam ging, um nicht zu stolpern. Ich unterwarf mich seinem schillernden Despotismus, denn trotz der Unterdrückung durch das Outfit fühlte ich mich umwerfend, was die Reaktionen der Frauen um mich herum noch verstärkten. Es war herrlich, so wunderschön zu sein. Ich gab mich der Sinnlichkeit des Augenblicks hin, dessen stille erotische Aufladung sich in jenem köstlichen Moment bestätigte, als ich nach kurzer Zeit beschloss, der Herrschaft zu entschlüpfen, und eine von euch um Hilfe bat und du, als deine Hand meinen Rücken hinunterlief, sagtest: Ich wollte dir schon immer mal aus einem Kleid helfen.

Du sagtest: Sogenannte »Frauendinge« habe ich immer gemieden, das hat mich einfach nie gereizt. Aber diese Erfahrung hat meine Meinung geändert. Das Zusammensein hatte eine überraschend sinnliche Dimension.

Shulamith Firestone sagte: »Erotik ist erregend. Ohne wenigstens diesen Glanz wäre das Leben eine langweilige und düstere Routineangelegenheit. Warum wurde alle Lust und Erregung konzentriert auf eine einzige, begrenzte und unzugängliche Schneise innerhalb der menschlichen Existenz gedrängt und alles Übrige brach liegengelassen? Wenn wir die Abschaffung der Erotik fordern, meinen wir damit nicht die Vernichtung der sexuellen Lust und Erregung, sondern deren Ausweitung auf alle Lebensbereiche.«

Was Firestone und die meisten Feministinnen fordern, ist die Eliminierung von Erotik in ihrer omnipräsentesten Form – sexueller Objektifizierung, die daraus resultiert, dass Frauen in vielen Gesellschaften stärker mit ihrem Körper und ihrem Aussehen assoziiert und danach bewertet werden als Männer, verbunden mit der Tatsache, dass Körper und Aussehen von Frauen lange Zeit so behandelt – oder gar manipuliert und ausgenutzt – wurden, als bestünde ihr Hauptzweck in der Befriedigung von Männern. Susan Bartky sagte: Was sie ansonsten auch immer werden mag, in erster Linie ist sie ein Körper, der dazu bestimmt ist, zu gefallen oder zu erregen. Diese Botschaft erreicht Frauen von allen Seiten, von Eltern, Lehrer*innen, Freund*innen, Partnern, Personen des öffentlichen Lebens, aus Büchern, Filmen, dem Fernsehen, Nachrichten, Werbung und Modezeitschriften. Die Zuchtmeister sind alle und niemand im Besonderen, sagte Bartky. Dennoch hat der Feminismus argumentiert, dass sich die Situation nur ändern wird, dass wir Parität im Sehen und Gesehenwerden nur erreichen können, wenn Männer aufhören, Frauen zu objektifizieren; aber auch Frauen müssen der Versuchung widerstehen, sich selbst zu objektifizieren.

Habe ich mich in dem schwarzen Paillettenkleid selbst objektifiziert?

Martha Nussbaum räumt zwar voll und ganz ein, dass die Objektifizierung in der geschlechtsspezifischen und sozialen Ungleichheit wurzelt, und erkennt auch deren schädliche Auswirkungen an. Doch sie hat auch geltend gemacht, dass Objektifizierung kein ausschließlich negatives Phänomen sein muss. Sie sagte: »Objektifizierung hat Merkmale, die je nach Kontext gut oder schlecht sein können.« Sie sagte: »Manche Merkmale der Objektifizierung können unter bestimmten Umständen sogar wunderbare Merkmale des Sexuallebens sein, daher lässt sich der Begriff der Objektifizierung auch in einem eher positiven Sinn verwenden. Um dies zu erkennen, muss man erkennen, wie die angeblich unmögliche Kombination aus (einer Form von) Objektifizierung und Gleichberechtigung, Respekt und Einverständnis trotz allem möglich wäre.«

Als Einwand gegen Nussbaums Theorie wird angeführt, dass der Kontext – gleichberechtigt, respektvoll, einvernehmlich –, der eine positive Objektifizierung ermöglichen oder rechtfertigen könnte, zwischen Männern und Frauen nur selten wirklich existiert. Die Kritik durchzieht die Andeutung des Vorwurfs, dass es unverantwortlich sei, etwas so überwiegend Negatives mit einem positiven Aspekt zu versehen. Beim Shooting gab es, genau wie im Leben, sogar innerhalb des breiteren kapitalistischen Kontextes andere Kontexte, Nester mit anderer Energie, alternativer Realität.

Die Fotografin sagte: Nach dieser Erfahrung war ich so voller Energie – und diese Energie trage ich weiterhin in mir, was sehr selten ist.

Was hat es zu bedeuten, wenn wir Dinge nicht sagen können, die unter gewissen Umständen wahr sind, weil sie unter den meisten Umständen nicht wahr wären? Was geschieht, wenn wir eine bestimmte Wirklichkeitserfahrung nicht anerkennen können, weil sie der weiter gefassten Realität widerspricht? Könnte ein vereinzelter Funke inmitten der Schatten nicht ein erstes Signal, ein Anhaltspunkt für künftige Orientierung sein?

In jedem Heft des Magazins, mit dem wir zusammenarbeiteten, gibt es ein langes Interview mit einer als wichtig oder einflussreich erachteten Person. Unser Heft enthielt ein Polyview – ein Gespräch zwischen sieben Frauen, eine davon war ich. Es gab keine Interviewerinnen, keine Interviewten, nur einen Austausch zwischen sieben Köpfen, die alle gleichermaßen neugierig waren, was »Vision« ausmacht, sieben Herzen und Köpfe, die alle gleichermaßen offen dafür waren, darüber nachzudenken, wie das, was wir zu sehen bereit sind, unsere Beziehung zur Wirklichkeit und zueinander verändert.

Du sagtest: Was passiert, wenn man sich nicht von einem Realismus leiten lässt, der vielleicht nur vorauseilender Gehorsam ist, sondern von seinem Möglichkeitssinn?

Du sagtest: Vision und Inspirationen werden ja oft als eine Art Blitz vorgestellt, perfekt geformt und aus dem Nichts kommend. Aber alle Visionen, die ich je hatte, waren das Ergebnis eines langen Prozesses des Denkens, Sprechens und Versuchens.

Du sagtest: Und ändern sich auch immer wieder.
Wenn sie sich nicht ändern, ist es keine Vision, sondern ein Gefängnis.

Du sagtest: Manchmal sind die Blitze vielleicht auch nur das erste Anzeichen für eine große zukünftige Idee. Es gibt zu viele Blitzableiter in unserer Gesellschaft. Manchmal funktioniert die ganze Gesellschaft wie ein Blitzableiter, dann absorbiert sie die Blitze einfach, und ihre Energie und ihr Licht gehen verloren.

Du sagtest: Wenn es möglich ist, so viele Frauen jeden Alters und jeder Größe so umwerfend aussehen zu lassen, wofür braucht man dann Models? Mir scheint, was man viel eher braucht, sind gute Stylist*innen und Fotograf*innen.

Sind Models nicht dafür da, Unsicherheit und damit eine bestimmte Art von Verlangen und Sehnsucht zu erzeugen? Ihre Jugend und scheinbare Makellosigkeit stellen ein Ideal dar, dem nur wenige entsprechen können. Zeitschriften dieser Art konstruieren eine unüberwindbare Kluft zwischen Realität und Anspruch, um ihr Angebot unerreichbarer und damit konsumierbarer zu machen. Wir müssen kaufen, um uns dem, was wir nicht sein können, anzunähern.

Du sagtest: Eine Fotografin sagte zu mir: Dein Gesicht neigt sich jedes Mal, wenn ich die Kamera aufstelle.
	Wo liegt das Problem, im Gesicht oder der Kamera, oder anderswo?

Die Visagistin sagte: Für mich ist die Essenz der Mode Präsenz. Die besten Models sind wirklich fokussiert, sie geben sich dem Moment vollkommen hin. Das macht den Unterschied zwischen Starmodels und anderen aus.

Die Fotografin sagte: Unsere Entscheidung, alle zu bitten, keine Selfies mehr zu machen und die Handys wegzulegen, war wichtig. Es hat zu sehr abgelenkt. Konzentration ist unerlässlich für gute Fotos.

Du sagtest: Eine Fotografin tendierte zu Frauen, die sich vor der Kamera natürlicher gaben. Die eher Unbeholfenen oder Ambivalenten schrieb sie ab, sie war nicht bereit, sich mit ihnen Mühe zu geben.

Die Stylistin sagte: Es ist falsch, das zu sagen, aber viele junge Models sind mehr Objekt als Person – sie verfügen über die perfekten Proportionen, um winzige, eng anliegende Kleider zu tragen. Bei älteren, erfahreneren Models kann es anders sein, sie wissen, wie sie ein Outfit vor der Kamera zur Geltung bringen. Sie wissen, wie sie sich bewegen müssen, um ein Kleid zu ergänzen, mit ein, zwei Gesten können sie es zum Leben erwecken.

Die Fotografin sagte: Die Frauen waren so starke Persönlichkeiten, auch abgesehen von der Kleidung. Jede einzelne von ihnen strahlte für mich sichtbar Intellekt und Charakter aus. Die meisten Models sind darauf trainiert, ein leeres Blatt zu sein, auf das wir unsere Fantasie und Ideen projizieren.

Du sagtest: Es war harte Arbeit. Ich habe jetzt viel mehr Respekt vor Models, vor ihrer Zähigkeit. Ich würde durchdrehen, wenn ich das alles regelmäßig machen müsste.

Susan Sontag sagte: »Personen, die das Posieren gewohnt sind – Erfolgsfrauen, Frauen, die in der Öffentlichkeit stehen –, werden sich natürlich bedeckter halten oder herausfordernder geben.«

Frauen, die es nicht gewohnt sind, vor der Kamera zu stehen, könnten (un-)absichtlich etwas ganz anderes zeigen. Zweifel, Zurückhaltung oder Unsicherheit können dazu führen, dass sie sich bremsen, sich irgendwie maskieren. Selbstvertrauen, Gleichgültigkeit oder Neugier können dafür sorgen, dass sie mutig sind, sich irgendwie offenbaren.

Einen Augenblick lang bestand zwischen der Kamera und mir eine Verbindung. Als wir einander nicht mehr ansahen, als ihr Auge sich senkte und auf mein Bein traf, auf die Narbe auf meiner linken, von den papageigrünen High Heels gestrafften Wade. Die Narbe, die ich mein Siegesmal nenne, das bleibende Vermächtnis eines Tumors, der vor zwanzig Jahren entfernt wurde. Ich weiß nicht, was die Kamera in dieser gefleckten Gewebelinie las. Vielleicht sah sie nur das Potenzial eines Kontrasts: eine alte Wunde und ein nagelneuer Schuh. Vielleicht hörte sie die Narbe über Perfektion und Heuchelei in der Mode sprechen. Vielleicht ahnte sie intuitiv, dass es immer eine Wunde gibt, sichtbar oder unsichtbar.

Immer wenn meine Mutter etwas ausprobierte – und sie verfolgte ständig neue Leidenschaften –, sagte Mumji: Aber hast du schon etwas verkauft? Sie hatte gewissermaßen allen Grund zu fragen, weil sie die Vorhaben meiner Mutter oft finanziell unterstützte. Noch ein Kurs, wozu?, grummelte Mumji mir gegenüber. Sie konnte die Idee des Lernens um seiner selbst willen, von Kunst als Erkundung, von einem Kurs als Gemeinschaft, vom kreativen Arbeiten als Weg, die Welt zu verstehen und ihr etwas zurückzugeben, nicht begreifen. Wann verdient sie endlich Geld damit?, verlangte Mumji, als rechtfertige Profit allein jede Tätigkeit – und das, obwohl sie selbst nie eine offizielle, bezahlte Arbeit hatte. Mit ihrer Haltung, die beispielhaft für die kapitalistische Mentalität ist, stand sie nicht allein da. Schöpferisches Streben wird selten anerkannt, erst das Ergebnis verleiht ihm einen Wert: Mühevolle Stunden zählen nichts, solange sie keine Aufmerksamkeit oder Bezahlung bringen.

Das also machst du? Mumji klang fast ehrfürchtig, als sie das Tuch in Augenschein nahm, das meine Mutter ihr geschenkt hatte. Im nächsten Atemzug wollte sie wissen, wie teuer die Herstellung war, wie lange sie dafür gebraucht hatte und, unvermeidlich, für wie viel es sich verkaufen ließe. Sie trug das Tuch nie: Sie sagte, es sei zu schön, sie hebe es sich für einen besonderen Anlass auf, ein anderes Mal sagte sie, sie habe Ausschlag davon bekommen, ein anderes Mal sagte sie, sie habe es so sorgfältig weggeräumt, dass sie es nicht wiederfinde.

Du erzähltest mir von dem schönsten Brief, den du je erhalten hast. Ein Brief, den deine Tochter geschrieben hat, in dem sie dir eine wundervolle Eigenschaft zuerkennt, eine Fähigkeit, Menschen nicht nur als das zu sehen, was sie sind, sondern auch als das, was sie werden können. Ein Brief, der mit der Zeile endete: Danke, dass du mich siehst.

An welchen Kriterien würde sich der Erfolg unseres Zeitschriftenexperiments messen lassen? Ganz sicher nicht an den Verkäufen. Du sagtest: Ich werde nie nachfragen. Es widerspräche meinen Werten, das Thema überhaupt anzusprechen.

Ich dachte, die ganze Geschichte wäre mit Erscheinen des Heftes zu Ende. Ich dachte, das wäre die Summe unserer Bemühungen.

Hannah Arendt sagte: »Der Grund, warum wir unfähig sind, das Resultat und das Ende einer Handlung mit Sicherheit im voraus zu bestimmen, ist einfach der, dass ein Getanes kein Ende hat.« »Die Folgen einer Handlung, die als solche ihren Ursprung außerhalb des menschlichen Bezugssystems haben kann, schlagen in das Medium des unendlichen Gewebes der menschlichen Angelegenheiten hinein, wo jede Reaktion gleichsam automatisch zu einer Kettenreaktion wird und jeder Vorgang sofort andere Vorgänge veranlasst. Auch in den beschränktesten Umständen bleiben die Folgen einer jeden Handlung schon darum unabsehbar, weil das gerade eben noch Absehbare, nämlich das Bezugsgewebe mit den ihm eigenen Konstellationen, oft durch ein einziges Wort oder eine einzige Geste radikal geändert werden kann.«

Die Erfahrung mit der Zeitschrift spukte mir weiter im Kopf herum und verlangte danach, in ihrer ganzen Komplexität noch einmal neu und anders erzählt zu werden; sie ging mir in meinen Gesprächen nach – tauchte immer wieder auf, ein Rätsel, das seinen verstörenden, beglückenden Reiz nicht verlor; sie verfolgte mich in der Wimpernzange, die ich kaufte, nachdem die Visagistin gesagt hatte: Deine Wimpern sind schön und lang, man muss sie nur etwas anheben; sie blieb bei mir durch neue Bündnisse, die geschmiedet, Pläne, die ausgeheckt wurden, Treffen, die erst noch stattfinden würden. Dennoch war es mir unangenehm, so viel Zeit mit dem Nachdenken über Mode zu verbringen. Lohnt sich das?, fragte ich mich immer wieder. Es gibt so viele Möglichkeiten, die Welt zu betrachten – warum diese?

Warum Mode? Als wäre es ein völlig frivoles Thema, als wäre die bloße Assoziation damit automatisch reduktiv, als würde meine Legitimation – als Schriftstellerin, als Feministin – besudelt. Ich hatte ähnliche Befürchtungen, als ich über Essen schrieb, und vor allem, wenn ich aufwändige Abendessen kochte, als würde dieses Interesse, dieses Vergnügen mein intellektuelles Ansehen schmälern. Im Gegensatz zu Mumji, die immer damit prahlte, wie viel Zeit sie mit dem Kochen für ihre Gäste verbrachte, gab ich lange Zeit nur ungern zu, anderthalb Tage mit den Vorbereitungen für ein einziges Abendessen zugebracht zu haben. Anstatt davon auszugehen, dass die Leute sich darüber freuen würden, dass ich ihnen zuliebe gern so viel investierte, stellte ich mir vor, sie würden denken, ich hätte nichts Besseres zu tun oder dass meine Zeit nicht kostbar und leicht mit Einkaufen und Backen zu vergeuden sei. Lag es daran, dass der Kampf, ernst genommen zu werden, den Preis hatte (haben musste?), manche Aktivitäten anderen unterzuordnen? Doch was steckte wirklich hinter meinen Ängsten und Urteilen in Bezug auf das, was »ernst« und weniger ernst war?

Dann entdeckte ich, dass es eine lange Tradition von theoretischen Überlegungen zur Mode gibt. Vor allem von Männern – französischen Philosophen, deutschen Soziologen – im 20. Jahrhundert verfasste Texte bilden nach wie vor wichtige Bezugspunkte im zeitgenössischen akademischen Diskurs, der aus den medien-, kommunikations- und kulturwissenschaftlichen Instituten der Universitäten strömt. Also, dachte ich, wenn all diese angesehenen Denker sich dazu herabließen, über Mode zu schreiben, kann es nicht nur oberflächlich sein. Ich suchte mir die Texte heraus, doch die Beklemmung gab nicht nach, sondern nahm lediglich eine spitzere Form an: ein kribbelndes Unbehagen darüber, wie das bloße Wissen um das Werk einer Menge von Männern meiner eigenen Arbeit plötzlich Bedeutung verlieh. Offenbar glaubte ich, dass meine Ideen gehaltvoller würden, wenn ich sie aus ihren heraus entwickeln, auf ihren Ideen aufbauen würde. Das glaubte ich, ohne es glauben zu wollen. Ich glaubte es und war gleichzeitig vom Gegenteil überzeugt: Wirklich lohnen würde sich allein ein Versuch im Geiste unseres Magazinexperiments; ein Versuch, den Konventionen zu trotzen, das Trapez der akzeptierten Weisheit loszulassen – und ganz einfach zu fliegen. Nur fliegend – oder, wie Hannah Arendt sagte, ohne Geländer denkend – ließe sich ein flüchtiger Blick auf eine andere Sichtweise werfen, etwas Neues entdecken.

Du sagtest: Mein Ansatz ist es, die Struktur zu belasten, sie an den Rand der Katastrophe zu bringen, sie zu bedrängen, bis sie fast auseinanderfällt – und dann wieder Ordnung herzustellen und die Struktur oder sich selbst in Relation zur Struktur neu zu gestalten.

Ich las die Texte. Ich sagte mir, ich hätte nichts dabei zu verlieren, mich mit der Struktur vertraut zu machen, sie in- und auswendig zu kennen. In Wahrheit fürchtete ich, eine unumstößliche Theoriesäule zu übersehen, einen unverrückbaren Erkenntnisbalken, ohne die meine eigene Konstruktion ins Wanken geriete. In den letzten Jahren habe ich bewusst vor allem Werke von Frauen oder nichtbinären Schriftsteller*innen gelesen, meist in Übersetzung. Doch gerade das Lesen sollte nicht orthodox sein. Also wechselte ich einige Wochen lang die Spur und folgte einfach den geschätzten Männern, wie ich es die meiste Zeit meines Lebens getan hatte und wie ich es – häufiger, als mir lieb ist – in reflektierten und weniger reflektierten Momenten auch heute noch mache. Ich las und las. Ich fand nichts.

Vieles, was ich las, war trocken, manches interessant, aber irrelevant, manches bedeutsam, aber für meine Zwecke unwesentlich. Ich legte die Bücher beiseite. Was auch immer ich über Mode schreiben würde, ich wusste, kein einziger dieser Männer würde darin zitiert werden.

Es gibt Farben, die für das menschliche Auge zu komplex sind, um sie zu erfassen. Sie werden als »unmögliche Farben« bezeichnet. Sie können nicht wahrgenommen werden, weil sie jenseits der Stärke der drei Zapfentypen in der Netzhaut liegen.

Donna Haraway sagte: »Das Auge eines gewöhnlichen Primaten wie uns kann endlos vergrößert werden.« Für die Visualisierungstechnologien, die unser Sehen unterstützen – ob für wissenschaftliche, ökonomische, medizinische oder Freizeitzwecke –, gelten keine ersichtlichen Grenzen. Haraway sagte: »Sehen ist stets eine Frage der Macht zu sehen – und vielleicht auch der Gewalt, die unseren Visualisierungspraktiken innewohnt.« Sie sagte: »Die Augen wurden benutzt, um eine – in der mit Militarismus, Kapitalismus, Kolonialismus und männlicher Vorherrschaft verbundenen Wissenschaftsgeschichte zur Perfektion gebrachte – perverse Fähigkeit zu kennzeichnen, das wissende Subjekt im Interesse einer uneingeschränkten Macht von allen und allem zu distanzieren.«

Der Impuls, mehr zu sehen, zu welchem Zweck auch immer, kann nicht unschuldig sein oder auf die leichte Schulter genommen werden, wenn die Ausweitung des Sehvermögens so sehr mit Aneignung, mit Herrschaft verbunden war – und es noch heute häufig ist. Was nicht heißen soll, dass Visionen nicht ehrgeizig sein dürfen, es gemahnt daran, Bescheidenheit im Blick zu behalten.

Du sagtest: Wären keine Fotografinnen vor Ort gewesen, wären wir dann anders gewesen? Wie anders?

Ich konnte nicht das gesamte Shooting über dabei sein. Am zweiten Tag musste ich zur lang geplanten Feier des sechzigsten Geburtstags eines guten Freundes nach Bonn fahren. Als ich an diesem Morgen im Zug saß und aus Berlin anreiste, befand ich mich auch in einer Parallelwelt.

Jetzt würdest du jemand anderes abholen, wie du mich am Tag zuvor abgeholt hattest, und ihr beide würdet gemeinsam durch die Stadt fahren, wie du und ich es schon unzählige Male getan hatten, reden, analysieren, lachen. Jetzt trafen weitere Frauen in der Halle ein. Ich sah vor mir, wie ihr euch umarmt, eure Mäntel aufhängt, an den auf der einen Hallenseite aufgestellten Make-up-, Haar- oder Manikürestationen Platz nehmt. Ich stellte mir eure Gesichter in der langen Reihe dreiteiliger Leuchtspiegel vor, wie sie in Theatergarderoben und an Filmsets üblich sind und im englischen Sprachraum als *vanity mirror*, als Spiegel der Eitelkeit, für den Hausgebrauch verkauft werden.

Weshalb wird Eitelkeit so sehr mit Spiegeln assoziiert, und Spiegel mit Frauen, obwohl eine der berühmtesten Gestalten, die auf ewig im eigenen Spiegelbild gefangen bleibt, Narziss ist? Eitelkeit schwingt jedenfalls nicht nur bei jedem Blick in den Spiegel mit, sondern auch bei der Blickweise, der inneren Einstellung – ob ein Spiegel im Spiel ist oder nicht. Eitelkeit ist Selbstbeachtung ungeachtet anderer. Wir alle haben uns dessen wohl gelegentlich mehr oder weniger schuldig gemacht, doch wer trug die meiste Zeit die größte Schuld? Die Imperialisten? Kapitalisten? Sexisten? Rassisten? Männer? Frauen?

Die Eitelkeit, an mehreren Orten zugleich sein zu wollen, zu glauben, die eigene Ab-/Anwesenheit mache einen wirklichen Unterschied, sich nicht eingestehen zu können, was man eigentlich wollte.

Ein Teil von mir dachte: Wenn ich nicht so lang dabei bin, werde ich auf weniger Bildern zu sehen sein. Als steige Wert in Proportion zu Sichtbarkeit (macht er das nicht?), als würde Bedeutsamkeit allein durch die vollständige Teilnahme bekräftigt (was ist mit ich-war-in-euch-und-ihr-in-mir?), als wäre das Shooting nicht lediglich ein Punkt in einem Prozess, sondern dessen wichtigste Phase (ist ein vorzeitiger Aufbruch nicht manchmal der beste Schachzug?).

Ein Teil von mir dachte: Könnte ich zurück, dann könnte ich etwas ändern. Ich wäre jetzt anders, weil ich wüsste, was mich erwartet. (Du wusstest es vorher.) Jetzt war ich wirklich vorbereitet. (Und die vielen Wochen der Vorbereitung?) Jetzt kannte ich es, hatte es mit eigenen Augen gesehen. Was also wirst du ändern? Ich weiß es nicht! Irgendwas. (Mich, vielleicht.)

Am ersten Tag des Shootings wurde ich nach der Hälfte unruhig, weil sich alles so locker, scheinbar völlig richtungslos entwickelte. Alles fühlte sich willkürlich, sinnlos, hoffnungslos an. Ich kannte dieses Gefühl, sehr gut sogar, doch an diesem Tag erkannte ich es nicht, weil es anders gekleidet war. Inzwischen weiß ich, dass es jener Zweifel war, der die Kreativität heimsucht, im Kopf herumgeistert – ganz gleich, wie überzeugt, wie engagiert man auch sein mag. Zweifeln gehört zum Prozess dazu, so wie Anfang und Ende.

Ich fand dich und sagte: Können wir nicht vielleicht alle zusammen lesen? (Ich konnte diese Bücher nicht vergessen! Ich klammerte mich an sie wie an eine Krücke.)

Du sagtest: Wenn du willst, nur zu. Es ist nicht an mir, anderen zu sagen, was sie machen sollen, wir sind hier alle gleichermaßen verantwortlich.

Also versammelten sich ein paar von uns um den Tisch mit den Objekten der Begierde. Jede suchte sich ein Buch aus und nahm es mit, dann stellten wir uns im Kreis auf. Du schlugst wahllos dein Exemplar auf und last wie vereinbart einen Absatz vor. Und dann machtest du dasselbe, dann du. Und während wir die Runde machten, fühlte ich den Trost von Vertrautheit.

Trotzdem war ich abgelenkt. Ihr auch, das konnte ich spüren. Du-ihr-ich-wir sahen uns ständig um, wollten wissen, ob eine Kamera auf uns gerichtet war. Keine. Wir lasen einander weiter vor, auf Englisch, auf Deutsch, auf Englisch. Dann last du aus einem Buch über deutsche Kolonialverbrechen in Kamerun vor, sagtest das N-Wort, sprachst die Worte auf der Seite ohne abzusetzen aus, einmal, zweimal – bevor du unterbrochen wurdest.

Du sagtest: Könntest du aufhören, das Wort zu wiederholen?

Du, getroffen, sagtest: Es ist ein historisches Zitat.

Du sagtest: Wir müssen diese Gewalt nicht reproduzieren.

Danach war es noch schwieriger, sich zu konzentrieren, doch wir machten weiter, bis alle im Kreis etwas vorgelesen hatten. Und dann schlossen wir die Bücher, legten sie zurück, gingen erleichtert weg.

Während ich mich am zweiten Tag des Shootings immer weiter von Berlin entfernte, zog es mich beständig wieder zu den Frauen hin. Einige Wochen zuvor hatte ich, ähnlich hin- und hergerissen, eine längst gebuchte Reise nach Venedig verkürzt. Sechzehn Jahre lang waren wir regelmäßig hingefahren, wegen der Kunstbiennale, der Architektur, des Meers und unserer Verbindung zu Italien, wo wir uns kennengelernt hatten. Zwei Monate vor der Reise fiel mir auf, dass sie sich mit einem abendlichen Treffen überschnitt, bei dem wir einander unsere weiblichen Vorbilder zeigen wollten. An wem hatten wir uns in unserer Kindheit und Jugend orientiert? Hatten sich die Figuren mit der Zeit verändert? Inwiefern? Warum? Wer inspirierte uns derzeit am meisten? Zum Abend würde ein performatives Element gehören. Ich wusste sofort, dass ich dabei sein wollte, obwohl ich befürchtete, dass mein Mann das Gefühl haben würde, dass ich mit diesen Frauen dringender zusammen sein wollte als mit ihm. Aber es ging nicht darum, mit jemandem mehr oder weniger zusammen sein zu wollen, es hatte mit den Möglichkeiten zu tun, die sich immer dann eröffneten, wenn ich in Gesellschaft der Frauen war. Möglichkeiten, die so erstaunliche, immer neue

Formen annahmen, wie ich es ich nirgendwo sonst erlebte. Wir buchten um.

So etwas hatte ich noch nie gemacht, hatte die vielen außergewöhnlichen Frauen, die in meinem Leben und in der Welt etwas verändern oder verändert haben, nie gezählt, geschweige denn von ihnen geschwärmt. Alle sollten jeweils sieben Beispiele mitbringen, doch ich konnte nicht aufhören, Namen auf meine Liste zu setzen, geschweige denn meine Auswahl eingrenzen. Als ich Bilder dieser Frauen – aus der Geschichte, von heute, aus meiner Familie – ausdruckte, fragte ich mich, wie es gewesen wäre, wenn ich als junges Mädchen oder als Teenager oder auch nur fünf Jahre zuvor denselben Versuch unternommen hätte.

Was ist ein Vorbild? Eine Person, die man bewundert oder zu der man aufblickt. Eine Person, deren Handlungen oder Herangehensweise dazu inspirieren, ihr darin nachzueifern. Eine Person, deren Schwächen offen zu Tage liegen, ohne ihre Qualitäten zu schmälern. Was ist ein Vorbild? Nicht unbedingt eine Person, die man selbst sein möchte, aber deren Seinsweise den Bereich all dessen erweitert, was du-ihr-ich-wir womöglich sein könnten.

Wir trafen uns im Probenraum eines Theaters, mit einem Spiegel, der die gesamte Länge einer Wand einnahm. Der Holzboden schimmerte blassgolden, glattgeschliffen von zahllosen Sohlen in zahllosen Stunden fantasievoller Schritte. Er lud zum Darübergleiten ein, zum Darüberfliegen. Ich sah dir dabei zu, wie du genau das tatest, in meinen Füßen kribbelte es, mitzumachen, aber verhalten, gehemmt. Dann machtest auch du mit, und plötzlich wart ihr zu viert, eure Spiegelbilder tanzten und lachten, und ihr unwiderstehlicher Ruf kräuselte vom Glas aus auf mich zu. Und einen Augenblick später warfen auch meine Glieder Formen durch den Raum, strahlte mein von Unbeschwertheit, dem Gefühl von Freiheit erleuchtetes Gesicht ab auf dich-euch-mich-uns.

Der Rausch des kurzen Zaubers auf der Tanzfläche wurde bald von der Heiterkeit überholt, mit der wir die mitgebrachten Figuren zeigten und beschrieben, weshalb sie für uns bedeutsam waren. Dabei kamen neue Namen auf, aus unserer Auswahl entsponnen sich lange und weiterwachsende Inspirationsketten.

Bald war der Spiegel mit lauter Frauengesichtern bedeckt. Bessere Spiegel. Die Bilder, die wir mitgebracht oder auf deinem kleinen Drucker ausgedruckt hatten, klebten auf dem Glas, unter Zickzacklinien aus Neonklebeband, die die vielen Verbindungen markierten, die du-ihr-ich-wir unter den Frauen, zwischen ihnen und uns, untereinander entdeckten. Es war wie eine sich ständig verändernde, wachsende molekulare Struktur, in der sich die chemische Reaktion bei der Vermischung deiner-eurer-meiner-unserer Geschichte, Neugier, Rätselhaftigkeit spiegelte. Und jedes Mal, wenn du ein weiteres Gesicht hinzufügtest, verschmolz dein eigenes mit der Collage. Manchmal dauerte es dann einen Augenblick, bis man sich inmitten der anderen wiederfand. Der Spiegel war flüssig, du schwammst darin, sankst ab, tauchtest wieder auf. Die kräuselnden Wellen breiteten sich aus. Wie viele es waren, konntest du nicht zählen, wie weit sie reichten, konntest du nicht sehen.

Als ich vierundzwanzig Stunden später aus Bonn wieder nach Hause kam, hatte ich einen Jetlag – kein Wunder, im Geiste war ich fast die ganze Zeit zwischen den Welten hin- und hergeflogen. Die Störung betraf nicht so sehr die biologischen Rhythmen meines Körpers, sondern die emotionalen. Noch immer sehnte ich mich danach, den verpassten Tag in den Reinbeckhallen zurückzugewinnen, ihn auf irgendeine Weise stellvertretend zu erleben. Aus diesem Wunsch heraus entstand die Idee: Ich würde mit euch sprechen, mit so vielen von euch wie möglich. Ich würde eure Eindrücke des Tages sammeln und so daran teilhaben.

Du sagtest: Die Stylistinnen und Fotografinnen fanden, dass wir am Freitag zu schnell für sie waren. Sie konnten mit dem Tempo, in dem wir neue Kleider und Ideen ausprobierten, nicht mithalten. Also haben sie uns am Samstag mehr vorgegeben, um sich die Arbeit zu erleichtern.

Ich schrieb dir – und dir und dir und dir und dir und vielen anderen – und fragte, ob wir am Telefon über das Shooting sprechen könnten. Ihr wart alle einverstanden. Die meisten Anrufe dauerten eine Stunde. Einige waren etwas kürzer, andere länger.

Du sagtest: Mir gefiel, wie ungezwungen alles war. Es gab diese stillschweigende Übereinkunft, an einem Strang zu ziehen, sogar mit dem Magazin, und nicht gegeneinander zu arbeiten.

Du riefst mich um 20 Uhr aus dem Büro an, bevor du nach Hause gingst. Du riefst aus dem Urlaub an und unterbrachst hin und wieder unser Gespräch, um den Kindern, die sich um das Mittagessen kümmerten, Anweisungen zu geben. Du riefst mich aus dem Zug an und sprachst auch weiter, als du ankamst, den Bahnhof verließest, in die Tram nach Hause stiegst.

Du sagtest: Es tat mir so leid, als ich begriff, dass meine Neugier und Aufregung anderen die Arbeit erschwert hatte. Es war, als hätten wir am Freitag einen Absturz des Systems verursacht, und am Samstag startete das System neu, und zwar mit strikteren Regeln. Wir durften nicht mal mehr in die Nähe des Bereichs mit den Kleidern. Der Unterschied zwischen »uns« und »ihnen« war am zweiten Tag viel deutlicher zu spüren.

Du riefst mich aus einem Taxi an. Du riefst mich spätabends an, nachdem du die Kinder ins Bett gebracht hattest. Du riefst mich zwischen zwei Terminen an, von deinem Schreibtisch aus, wo ein anderes Telefon ständig klingelte – du gingst nicht ran.

Du sagtest: Der Tisch mit den Objekten fühlte sich seltsam gekünstelt an. Ich hatte diese ganzen Sachen mitgebracht, eine Einführung in den Postkolonialismus etwa oder eine Zulu-Halskette. Vermutlich wollte ich Argumente vorbringen, aber das war an diesem Tag völlig nebensächlich.

Zwei Wochen lang sprach ich jeden Tag mit einer oder zwei oder drei von euch. Wochen, in denen ich Szenen zusammensetzte, bei denen ich nicht anwesend war. Wochen, in denen ich Zeilen aus einem Skript zusammenfügte, das vertraut und zugleich neu war – so wie alles neu ist, was man zum ersten Mal macht, egal, wer alles das Gleiche bereits gemacht hat. Zwei Wochen, in denen ich mir ein Stück ansah, bei dem die Rollen klar und doch vage waren, bei dem Teile auseinander- und ineinander übergingen, in dem sich die Bühne ständig drehte, die Geschichte sich weiterentwickelte.

Du sagtest: Das Schönste für mich war das Zusammensein mit euch allen.

Beim Zuhören wurde mir klar, wie wenig ich vom Skript sozialer Normen und Erwartungen abgewichen war, und das in einer Umgebung und unter Menschen, die mich zum Gegenteil ermutigten. Jede meiner Handlungen folgte dem tiefsitzenden Skript in meiner Psyche, geschrieben in uralten Buchstaben, die *gehorche* ergeben, die *erfreue* ergeben, die *frag, bevor du es versuchst* ergeben, die *sei vernünftig* ergeben.

Du sagtest: Sie steckten mich in etwas, das sich wie eine Militäruniform anfühlte, einen Overall und riesige Stiefel. Ich dachte, wie ein Soldat muss ich nun wirklich nicht aussehen. Ich fühlte mich in diesem Outfit nicht wohl und war mir unsicher, ob ich es anbehalten konnte. Dann ging ich zu einigen aus der Gruppe, und sie sahen so anders aus, überhaupt nicht militant, und es ging mir wieder besser, weil ich dachte: Ich bin nicht nur ich, ich bin nicht nur das hier, ich bin auch sie. Ich muss nicht alles allein sein oder reflektieren.

Das Skript ist die Stylistin, die bestimmte Looks von wichtigen Designer*innen, zahlenden Kund*innen zeigen muss. Das Skript ist die Kamera, die sagt: *Sieh mich an*, die fragt: *Bist du im Bild, im Fokus, im Zentrum der Aufmerksamkeit?* Das Skript ist die Fotografin, die sagt: *Nicht lächeln, nicht sprechen*, die sagt: *Mach das nochmal*.

Du sagtest: Die Kamera war viel häufiger auf die jungen Frauen gerichtet. Ich will nicht altersdiskriminierend sein, aber diese Tendenz war sehr auffällig.

Das Skript ist deine Psyche, geschrieben in fettgedruckten Buchstaben, die *wehr dich* ergeben, die *spiel* ergeben, die *trau dich* ergeben, die *widerstehe* ergeben, die *liebe* ergeben.

Nur eine von euch sagte: Wofür ist das? Nur eine von euch sagte: Wenn du mich zitierst, zeig es mir vorher bitte.

Ich wusste damals nicht, was ich mit dem, was ihr mir sagtet, anfangen sollte. Ich wusste nur, dass ich eure Eindrücke brauchte, sie wie Outfits anziehen musste, um zu sehen, wie sie passen, wie sie sich anfühlen, zu wem sie mich machen. Und eure Erinnerungen, eure Reaktionen, eure Gedanken waren eine Salbe für die Wunde meiner Abwesenheit – bis es keine Wunde mehr war, sondern eine Hilfe.

Du sagtest: Ich habe immer noch keine Ahnung – was kommt bei alldem heraus?

Du sagtest: Es hat Spaß gemacht, aber ich muss zugeben, dass ich mich schon am zweiten Tag gelangweilt habe. Am Ende hatte ich das Gefühl, eine Überdosis genommen zu haben, so wie beim Essen, und dann kann man es nicht mehr sehen. Mir reicht es mit der Mode vermutlich mein Leben lang.

Ein vorzeitiger Aufbruch kann ein (melo-)dramatischer Schritt sein, er kann pragmatisch, rätselhaft, diplomatisch sein. Ein Aufbruch kann vieles sein. In diesem Fall war er prismatisch: Das Verlassen führte zur Suche danach, wie es wäre, zurückkehren und das Versäumte erleben zu können, zum Bemühen, auf andere Weise präsent zu sein. Ich suchte und fand eure Stimmen, die die Zeit zu einem Szenenspektrum zerstoben, die Reflexionen lichtgleich auf die dunklen Stellen meiner damals vom Bedauern so sehr überschatteten Fantasie warfen.

Nachdem sie sich in einem Kleid ihrer Mutter, das ihr zu groß und längst aus der Mode gekommen war, für eine Modezeitschrift hatte porträtieren lassen, sagte Virginia Woolf: »Mein augenblicklicher Gedanke ist, dass die Menschen eine Vielzahl von Bewusstseinszuständen haben: & ich möchte das Partybewusstsein, das Kleidungsbewusstsein &c. erforschen. Diese Zustände sind sehr schwierig, aber ich komme immer wieder darauf zurück. Immer noch komme ich nicht an das heran, was ich meine.«

Du sagtest: Am zweiten Tag machte eine Fotografin Porträtaufnahmen von uns. Später fuhr ich mit ihr im Shuttle zurück zum Hotel. Sie saß hinter mir und sprach mit einer Frau und sagte, diese Fotos seien nur gemacht worden, damit sich die Frauen wohlfühlen, in einer Modezeitschrift würden sie nie erscheinen. Sie sagte, sie seien gemacht worden, um die Frauen aufzumuntern, seien aber nutzlos.

Beim Zuhören wurde mir klar, dass ich dank des ungewohnten Umfelds und der vielen Beteiligten doch vom Skript abgewichen war. Ich sah, dass es in unbehaglichen Momenten geschehen war und in freudigen Momenten, in den Momenten, in denen ich nicht mehr versucht hatte, alles einem vorgefertigten Rahmen einzupassen. In diesen Momenten war jede meiner Bewegungen vom Skript unserer Psyche geprägt – kollektiv, ständig unterschrieben, überschrieben, ungeschrieben, umgeschrieben, um jede Art von Realität, Möglichkeit, Zukunft durchzubuchstabieren.

Judith Butler sagte, in Anlehnung an Jasbir Puar: »Der entscheidende Punkt ist nämlich, dass ich keine Ansammlung von Identitäten, sondern bereits eine Versammlung bin, ja sogar eine Generalversammlung beziehungsweise eine Assemblage.«

Du sagtest: Ich habe mich in diesen zwei Tagen so integriert gefühlt wie nie zuvor in meinem ganzen Leben in Deutschland.

Du hast dir meine Fragen notiert und gesagt: Ich finde es einfacher, schriftlich zu antworten, als darüber zu sprechen. Ich schreibe dir eine Mail. Du hast die Nachricht geschrieben und abgeschickt. Ich habe sie nie erhalten. Du hast sie auch nicht wiedergefunden, weder in deinen Entwürfen noch in deinen gesendeten Nachrichten. Du sagtest: Ich schreibe noch einmal, sobald ich meine verlorenen Antworten beweint habe. Du hast nicht wieder geschrieben. Du konntest es nicht. Ich denke oft über diese verlorenen Worte nach, überlege, wie sich die darin gekleidete Geschichte zeigen würde, was mit einem in deine Sensibilität gehüllten Blick anders gewesen wäre.

Wie lauteten meine Fragen? Ich weiß es nicht mehr. Ich habe sie nicht aufgeschrieben, weil sie mir damals so klar waren, dass ich nicht eine Sekunde lang glaubte, sie vergessen zu können. Ich weiß, dass ich immer mit der Frage nach dem Unterschied zwischen den beiden Tagen begann. Daraus ergaben sich weitere Fragen, hinter denen, wie ich mir heute vorstelle, ein zentrales Anliegen stand: War ich bei euch, obwohl ich es nicht war? Inwieweit ist es möglich, dort zu sein, wo man nicht ist, zu teilen, ohne darüber nachzudenken, wer mehr oder weniger hat – weil das Teilen alles ist?

Manchmal kann man »unmögliche Farben« sehen, ein rötliches Grün oder ein gelbliches Blau etwa. Dazu muss man auf zwei Farben – Gelb und Blau, Rot und Grün – nebeneinander starren und dabei schielen, blinzeln, die Augen kreuzen. Man sieht bewusst hin, bis sich die Farben überlappen. Manchmal schmerzen oder ermüden die Augen. Dann sieht man eventuell eine Mischung aus beiden Farben (Grün anstelle von Blau und Gelb, Braun anstelle von Rot und Grün) oder ein aus beiden Farben zusammengesetztes Feld von Punkten, oder man sieht ganz kurz eine nicht gekannte »unmögliche« Farbe.

Diejenigen, denen es in wissenschaftlichen Tests gelingt, eine dieser Farben zu sehen, können sich später an sie erinnern, sind aber nicht imstande, sie zu benennen, und haben häufig sogar Schwierigkeiten, sie zu beschreiben.

Du sagtest: Hör auf zu denken, dass alles einen Sinn ergeben muss. Hör auf, überall nach Logik zu suchen.

Hélène Cixous sagte, sie verstehe Schreiben lieber als permanenten Austausch, als ständige Entlehnung und Transformation – und nicht in erster Linie als Autorschaft. Als ich diesen Gedanken zum ersten Mal las, fand ich ihn schön. Ich dachte, er lasse sich auf jede kreative Anstrengung beziehen. Doch fragte ich mich auch, in welchem Kontext, in welchem Unternehmen, in welchem Wirtschaftssystem es funktionieren könnte? Zwar borgte, tauschte, transformierte ich ständig etwas – und wollte trotzdem die Anerkennung der Autorschaft, das Siegel, das besagt: All dies hat meine ureigene Sensibilität durchlaufen und wurde ihr entrissen. Und dann machten wir das Heft, und ich erlebte das schöne, fragile, bleibende Versprechen, das im Teilen und im Abtreten der Autorschaft liegt.

Die Friseurin sagte: Ich wurde nicht bezahlt. Ich war dabei, um die Künstlerin, die Fotografinnen und Stylistinnen kennenzulernen.

Für einen unbezahlten Job war es eine Menge Arbeit, viel mehr als sonst. Mein Tagessatz lag vielleicht bei hundert Euro. Ich habe nicht mal meine Agentin gefragt, denn was bleibt bei so einem Betrag schon nach Steuern? Und so ist es nun mal mit diesem Magazin.

Die Visagistin sagte: Ich werde nicht bezahlt, sie übernehmen nur die Kosten für Reise und Unterkunft. Aber es ist gut für meinen Lebenslauf, es bedeutet, dass ich bei anderen Jobs mehr verdienen kann. Das Magazin ist eine gute Referenz. Außerdem ist das, was ich hier gesehen habe, so anders als sonst an einem Modeset. Es macht mir Hoffnung für meine Arbeit.

Das Honorar, das ich für meinen Artikel in der Zeitschrift erhielt, war eines der höchsten, das mir je gezahlt wurde. Auch meine Übersetzerin erhielt eine Vergütung, die deutlich über dem Standardhonorar lag. Ich schrieb den Text, ohne zu wissen, was man mir zahlen würde, ich hätte ihn auch so geschrieben. Im Geiste des Projekts spendete ich die Summe für verschiedene Zwecke. Das hat mein Unbehagen nicht zerstreut und mich nicht davon abgehalten, über die Hierarchien nachzudenken, die hier im Spiel waren. Und wieder grübelte ich, anstatt zu handeln. Ich hätte den anderen Frauen, den Leuten bei der Zeitschrift etwas sagen sollen. Ich hätte dafür sorgen sollen, dass auch die anderen Frauen gut bezahlt werden – ich hätte es tun können, gemeinsam mit euch allen.

»Das Projekt war nie fertig«, sagte Annie Leibovitz über ihre Fotoserie »Women«, die 1990 mit Susan Sontag entstand. Sie sagte: »Es ist keines dieser Projekte, die irgendwann abgeschlossen sind.«

Das Gleiche lässt sich von unserem Heft sagen. Doch während Leibovitz die Geschichte von »Women« siebzehn Jahre später wieder aufgriff und fortsetzte, vermute ich, dass unser Heft ein anderes Nachleben haben wird, eines, das die vielen Hände widerspiegelt, die an seiner Entstehung mitgewirkt haben.

Ich hatte geglaubt, diesen Text – zumindest größtenteils – fertigstellen zu müssen, bevor unser Heft erschien, weil ich davon ausging, dass das Gesehene die Sammlung von Eindrücken verändern, ein völlig anderes Licht auf all das werfen würde, was auf den Moment hingeführt hatte, die fertige Zeitschrift in Händen zu halten. Und dann sah ich das Heft und begriff: Eine Veränderung des Blickwinkels nimmt früheren Eindrücken nicht notwendigerweise ihre Wirkung. Eine Geschichte ist nicht dazu da, nur in eine Richtung erzählt zu werden: Sie kann vorwärts und rückwärts erzählt werden, in Blöcken und Kreisen, in Sprüngen und Lücken. Sie kann von allen, die dabei waren, und allen, die nicht dabei waren, erzählt und wieder neu erzählt werden, und jedes Erzählen hat, sofern es ernsthaft ist, seine eigene Qualität, seine eigene Integrität.

Das fertige Heft zu sehen, hat etwas bewirkt.

Die Veränderung war folgende: Die Zweifel verschwanden.

Die Erkenntnis war folgende: Die Misserfolge waren individuell, der Triumph war kollektiv.

Als ich die Ausgabe vom Januar 2020 erhielt, verbrachte ich ein paar Stunden damit, immer wieder aufs Neue verblüfft, wenn ich eine Seite umblätterte. Am besten gefielen mir die Bilder, auf denen nicht erkennbar war, was passierte, auf denen Farbe und Schatten verführerisch miteinander spielten und sich die Produktbeschreibungen am linken Seitenrand wie ein ironisch-belangloser Code lasen. Nein, am besten gefielen mir eure Gesichter, die Bandbreite des Ausdrucks, die wunderschöne Asymmetrie der Gesichtszüge in all ihrer Lebendigkeit. Eigentlich gefielen mir die langen Texte am besten, die Tiefe, Höhe, Volumen hinzufügten, sodass man mit dem Aufschlagen des Magazins ein unendliches Polygon betrat. Und mir gefielen die wunderschönen Gedichtzeilen am besten, die manchen Seiten wie kryptische Etiketten aufgedruckt waren, das Branding einer wilden Fantasie, die einen dazu aufforderte, ihr zu folgen, einem aber immer wieder entwischte. Nein, Moment! Am besten gefielen mir die vor lauter glänzenden Farbspritzern ganz glitschigen Seiten oder die Seiten, auf denen du das Originalbild durch ein Foto davon ersetzt hast, sodass es weniger eindeutig wird, fantastischer. Am besten gefielen mir die Seiten, auf denen du leise, subversive Anmerkungen eingeschmuggelt hast, wie *Nazis raus!* auf einer Wand mit Graffiti im Hintergrund einer Aufnahme. Tatsächlich gefielen mir die Seiten am besten, auf denen du mit dem Rücken zur Kamera standst oder die obere Hälfte der Aufnahme fehlte, wo das Bild von der Fülle an Interaktion lebte und nicht vom Drang des Wiedererkennens. Oh! Am besten gefiel mir das Ensemble aller Bilder, ihre Energie, ihre Virtuosität. Aber am allerbesten gefielen mir die wiederkehrenden Bilder von Händen – haltend, berührend, greifend, streckend, vereinigend – und inmitten all der Hände immer wieder deine, die immer aufs Neue in Farbe getränkt das Bild verändert, flüchtige Momente zu Kunst macht.

Ich ließ die Zeitschrift auf dem Tisch liegen, wo ich sie sehen konnte, wenn ich durch die Küche oder das Wohnzimmer ging. Noch Tage später hielt ich bei anderen Tätigkeiten inne und vertiefte mich wieder in diese Bildwelt, tauchte ein paar Minuten oder eine halbe Stunde später wieder auf, und jede umgeblätterte Seite hatte eine Gefühlsregung ausgelöst: Staunen, Lachen, Dankbarkeit, Ruhe. Nach einer Weile bemerkte ich ein weiteres Gefühl, das den anderen hinterherhinkte: Traurigkeit. Seit dem Shooting hatte ich nicht mehr an die Tücher meiner Mutter gedacht, doch als ich die finalen Bilder sah, die Weiten ihrer Großzügigkeit, stellte sich mein Versagen während des Shootings umso deutlicher heraus. Es war kein Trost, dass niemand mein Scheitern sehen konnte. Mich starrte es an.

Da war meine Narbe, sie nahm eine ganze Seite ein, zusammen mit den papageigrünen Schuhen. Nun hatte die Wunde eine andere Geschichte.

Ihr seid rosa Menschen, sagte der Redner, so nenne ich euch Europäer – rosa Menschen. Es war der eindrucksvolle Eröffnungsschachzug eines Vortrags auf einer Konferenz, eine Provokation, um zu verdeutlichen, dass Farbe und »Rasse« künstliche Konstruktionen sind, die geschaffen wurden, um westlich-imperialen Machthunger zu rechtfertigen und die Unterwerfung und Ausbeutung kolonialer Untertanen zu entschuldigen. Ich mache Sie also alle rosa, der Redner zeigte ins Publikum und verwendete im restlichen Vortrag rosa Menschen als Kürzel für Europäer.

Im Anschluss, als das Publikum um Fragen gebeten wurde, sagtest du: Wen genau meinen Sie mit *euch Europäern*? Was ist mit uns, die sich vielleicht als Afropäer*innen oder Indopäer*innen oder als Europäer*innen welcher Art auch immer sehen? Sollen wir alle rosa angepinselt werden? Du sagtest: Der historische Akt der Rassisierung einiger Völker war ungeheuer schmerzhaft und zerstörerisch, und das führt zu der Frage: Ist es hilfreich, eine, wenn auch nicht vergleichbare, Version davon zu reproduzieren, indem man andere nach Farben kategorisiert?

Es folgte ein angespannter, schwieriger Wortwechsel, du und der Redner blieben höflich, aber unversöhnlich. Später, im privaten Kreis, sagtest du: Vor ein paar Monaten, vor der ganzen Sache mit dem Magazin, hätte ich mich öffentlich nicht so geäußert. Aber etwas an der Verbindung mit diesen Frauen, von denen ich die meisten nicht einmal kenne, hat mich ermutigt. Du sagtest: Ob Männer sich wohl schon immer so fühlen – als hätten sie großen Rückhalt?

Meine Mutter rief an. Sie hatte das Heft mit der Post erhalten. Sie sagte: Es ist fantastisch. Sie sagte: Ich bin so stolz auf dich. Sie sagte: Ich möchte es allen zeigen. Sie verlor kein Wort über die Tücher. Damals nicht. Und später auch nicht.

Du sagtest: Mein Vater hat angerufen und gesagt, er sei wirklich stolz auf mich und habe acht Exemplare gekauft. Bei der Veröffentlichung meiner Doktorarbeit hat er nichts dergleichen getan! Er hat sie nicht einmal gelesen, geschweige denn Exemplare für andere gekauft.

Worauf genau waren die Eltern stolz?

Dass du solche Frauen um dich hast, sagte meine Mutter.

Du sagtest: Würdest du es wieder tun?

Du sagtest: Ja, weil es mich interessiert, inwiefern es anders sein könnte. Und natürlich wäre es auch anders, oder?

Du sagtest: Mit euch würde ich alles noch einmal machen, egal was.

Meine Mutter zeigte Mumji die Zeitschrift, die geistesabwesend darin blätterte und über das neue Medikament sprach, das sie nicht vertrug. Meine Mutter schlug eine Seite mit einem Foto von mir auf. Mumji sah hin und sagte, ihr sei die Augencreme ausgegangen. Seit zwei Wochen habe ich keine, sagte sie, stell dir vor! Du kannst die leere Dose mitnehmen, wenn du gehst, damit du genau weißt, welche du für mich besorgen sollst. Pass auf, dass du dich diesmal nicht vertust, so wie sonst immer. Hast du gesehen – wer ist das? Meine Mutter zeigte mit dem Finger auf mein Gesicht. Mumji starrte auf das Foto. Oh! Endlich nahm sie es wahr. Sehr schön, sagte sie, aber was meinst du, wann kannst du mir die Creme besorgen?

Meine Mutter sagte: Ich war so wütend. Dass sie mich nie gesehen hat, ist das eine, aber jetzt sieht sie auch meine Kinder nicht mehr.

Sara Ahmed sagte: »Dinge, die aufgrund dessen passieren, wie wir gesehen werden; und wie wir nicht gesehen werden.«

Wieder kamen Zweifel auf. Keiner davon schmälerte das Ergebnis. Zweifel beleben das Denken, wie Licht die Farbe auf einer Leinwand, sie verleihen den Farben der Kreativität Tiefe und Schatten. Zweifel ist die grüne Penumbra am Rande der blauen Zitrone, er ist das Wispern des Mysteriums, das Versprechen von Kontinuität.

Warum hatte ich so sehr gewollt, dass die Tücher meiner Mutter in der Zeitschrift auftauchen? Hätte das die Tücher für mich wertvoller gemacht? Nein. Aber für meine Mutter. Aufmerksamkeit, Bestätigung für die langen Stunden mühevoller Arbeit.

Die Sehkraft meiner Mutter änderte, verschlechterte sich durch eine Makula-Degeneration, eine altersbedingte Erkrankung im Auge. Floater hingen in ihrem Sichtfeld, gerade Linien wurden schnörkelig, Buchstaben verschwommen. Sie wurde an beiden Augen operiert, um eine weitere Degeneration aufzuhalten, doch die Nebenwirkungen dieser Eingriffe erforderten weitere Operationen. Manchmal hatte ich den Eindruck, als würde sich meine Mutter entweder von einer Augenbehandlung erholen oder auf die nächste warten. Ihre Augen wurden extrem lichtempfindlich, sie ertrugen die Anstrengung nicht mehr, etwas intensiv zu betrachten – eine beschriebene Seite, einen Bildschirm, ein Stück Seide, das sich nach einem weiteren Farbstrich sehnte. Meine Mutter hielt die Vorhänge in ihrer Wohnung geschlossen, die meiste Zeit trug sie, auch drinnen, eine Sonnenbrille, die ihre Welt grauschwarz schattierte. Als wir bei einem Besuch gedankenlos weitere Lampen einschalteten, setzte sie einen Hut auf, um sich zusätzlich vor dem grellen Licht zu schützen. Solche Maßnahmen kann man für die Augen ergreifen, doch wie schirmt man sich gegen Erkenntnisse ab, gegen jene Leuchtsignale, welche die eigensinnigen Schatten im Inneren erhellen?

Mit dem Sehvermögen meiner Mutter veränderte sich auch das meine – durch eine Krankheit, die ich *okulare Regeneration* nenne. Auch meine Sehkraft ist, wie ich feststelle, schon seit langem ernsthaft beeinträchtigt, trotz der Brillen oder Kontaktlinsen, die ich seit meiner Kindheit trage. Blinde Flecken hängen in meinem Sichtfeld, grelle Tupfen aus Vorurteilen, die ich oft nicht wahrnehme, obwohl sie mein Sehen verzerren. Sieh durch die Linse des Feminismus, und mit einem Mal können diese Flecken auftauchen, den

Blick mitunter so heftig durchbohren, dass du instinktiv die Augen schließt.

Unsere Augen schließen sich automatisch, um uns vor wahrgenommenen Gefahren zu schützen. Ein Reflex ermöglicht es den Augenlidern, sich zu schließen, sobald plötzlich helles Licht oder ein gefährlich nahes Objekt erkannt wird.

In ihrem Buch *Feministisch leben!* sagte Sara Ahmed: »Feministisches Bewusstsein kann sich wie ein Schalter anfühlen, der eingeschaltet wird. Ihn auszuknipsen wäre wahrscheinlich notwendig, um in dieser Welt zu überleben, die keine feministische Welt ist. Feministisches Bewusstsein ist immer dann vorhanden, wenn der Schalter auf ›an‹ voreingestellt ist.«

Jetzt, da ich in das unglaubliche, ständig weiterwachsende Gewand aus all euren Stimmen geknöpft bin, ist das feministische Bewusstsein auch meine Voreinstellung. Das soll nicht heißen, dass ich nicht weiterhin zu dieser abgenutzten alten Garderobe mit ihrer Stapelware zurückkehre – sei brav, sei freundlich, sei gefügig, gehorche den etablierten Mustern und Erwartungen. Doch wenn ich das mache, verhakt sich etwas. Und falls ich es nicht sofort merke, sehe ich es später, wie die Laufmasche in der Strumpfhose, die man erst beim Ausziehen entdeckt.

Ach, wären wir diesen Schrank doch nur los, in dem die gesellschaftlich begehrtesten Frauen-Looks hängen! Doch sie haben lange vor meiner Geburt auf mich gewartet und werden noch lange nach mir da sein. Vermutlich werden sie nie aus der Mode kommen. Jeder Tag ist ein Kampf, sie von meiner Haut zu lösen, sie herunterzureißen oder anders zu tragen, mein Bewusstsein neu einzukleiden, damit es – für Momente, Minuten, Stunden, Tage – die Bezeichnung »feministisch« in ihrem anspruchsvollsten, sich immer weiterentwickelnden Sinn verdient.

Als Kind wünschte ich mir einen Röntgenblick. Ich wollte durch jede Oberfläche, jedes Hindernis, sei es ein Gegenstand oder eine Person, hindurchsehen können, um zu wissen, was darunter-dazwischen-auf-der-anderen-Seite lag. Das Schreiben war eine Möglichkeit, diesen Wunsch zu verwirklichen: eine Welt mit den Strahlen der Fantasie zu durchdringen, sie neu zu sehen und sie durch den Gehalt der Worte zu formen.

Am besten gefiel mir ein Bild von dir – Krücke in der Hand, feuerrote Haare, elektrisch-violette Lippen – in einem Jumpsuit, dessen orangefarbene obere Hälfte von der Taille abwärts burgunderrot ausblutete, der Stoff über und über mit weißen Buchstaben bedruckt, *Fear Not*. Oder vielleicht hieß es auch *Not Fear*. Keine Angst.

Außerdem trugst du eine gesprungene Brille. Die Gläser waren jeweils in zwei Teile geschnitten und dann leicht versetzt wieder zusammengefügt, sodass sich die Enden nicht ganz trafen. Hinter diesen Gläsern wirkten deine Augen vergrößert, gespalten, seltsam.

Du sahst durch sie hindurch und sagtest: Es ist, als wäre alles zickzackförmig zerschnitten und schlampig wieder zusammengesetzt worden. Du sahst die Welt, als wäre sie auseinandergerissen und repariert worden, und die kleinen Unstimmigkeiten der Reparatur erlaubten es dir, zwischen den Riss zu sehen.

Wie sähe ich ohne eure Stimmen aus? Wie fühlte ich mich ohne eure Perspektiven, ohne in sie eintauchen zu können? Wie weit könnte ich meine Gedankenseide spinnen ohne die Fasern der euren? Die Magazinerfahrung würde so locker sitzen, ohne die Clipse eurer Wahrnehmung, die meine eigene fester schnallen, die diese Tage in eine Kollektion von Eindrücken verwandeln, die ich immer wieder trage, die ich teilen kann.

Ursprünglich hatten wir in der Zeitschrift 60 Seiten, über die wir frei verfügen durften. Am Ende waren es 108 Seiten.

Sehen kann uns betrügen, entzweigehen lassen. Dennoch suchen wir weiter, auf der Suche nach jenen Augenblicken, in denen das Sehen uns bekräftigen, erweitern, befreien kann. Das lerne ich immer wieder beim Schreiben. Ich lerne es immer wieder durch den Feminismus. Ich lerne es durch dich

ANMERKUNGEN

FIGHT

8 *Wobei das Sprechen auch eine Form des Handelns ist*: Hannah Arendt, »Was bleibt? Es bleibt die Muttersprache. Günter Gaus im Gespräch mit Hannah Arendt«, rbb, 28. Oktober 1964.
https://www.rbb-online.de/zurperson/interview_archiv/arendt_hannah.html

16 *Ich frage mich, wie ich nicht das Gefühl*: Thomas Page McBee, *Amateur. Mein neues Leben als Mann*, aus dem Amerikanischen von Stefanie Frida Lemke, Blumenbar, Berlin 2020, S. 107.

16 *So ist das beim Boxen*: ebd., S. 107.

17 *Eine den Frauen entgegengesetzte Kategorie*: Charlotte Higgins, »The age of patriarchy: how an unfashionable idea became a rallying cry for feminism today«, *The Guardian*, 22. Juni 2018.
https://www.theguardian.com/news/2018/jun/22/the-age-of-patriarchy-how-an-unfashionable-idea-became-a-rallying-cry-for-feminism-today

18 *Der Effekt meiner Stimme*: McBee, S. 7.

19 *Schon seit Jahren männliche Kollegen abwehren*: McBee, S. 210.

20 *Keineswegs zur Selbstermächtigung der Frauen beiträgt*: »Nous défendons une liberté d'importuner, indispensable à la liberté sexuelle«, *Le Monde*, 09. Januar 2018.
https://www.lemonde.fr/idees/article/2018/01/09/nous-defendons-une-liberte-d-importuner-indispensable-a-la-liberte-sexuelle_5239134_3232.html

20 *Vergewaltigung ist ein Verbrechen*: ebd.

24 *Dass kapitalistische Gesellschaften ihrem Wesen nach*: Cinzia Arruza, Tithi Bhattacharya und Nancy Fraser, *Feminismus für die 99 %: Ein Manifest*, aus dem Englischen von Max Henninger, Matthes & Seitz, Berlin 2019, S. 32.

25 *Aus rassistischer und kolonialer Gewalt*: ebd., S. 55.

25 *Sein entscheidender Schachzug*: ebd., S. 33.

25 *Die gegenwärtige neoliberale Form des Kapitalismus*: ebd., S. 94.

26 *Das Bild vom Mann als Prototyp*: Caroline Criado Perez, *Unsichtbare Frauen. Wie eine von Daten beherrschte Welt die Hälfte der Bevölkerung ignoriert*, aus dem Englischen von Stephanie Singh, btb Verlag, München 2020, S. 17.

27 *Rein männliche Herangehensweise*: ebd., S. 19.

29 *Früher habe sie Männern dabei zusehen müssen*: Moritz Küpper, »Andrea Nahles in Maria Laach. Männer, Frauen und die Macht«, Deutschlandfunk, 13. August 2019. https://www.deutschlandfunk.de/andrea-nahles-in-maria-laach-maenner-frauen-und-die-macht.1773.de.html?dram:article_id=456156

29 *Je mehr Frauen in die Gremien kamen*: ebd.

30 *Das Gefühl ist mir fremd*: Petra Pinzler, »Der politische Fragebogen« mit Svenja Schulze, *Die Zeit*, 20. Mai 2020. https://www.zeit.de/2020/22/svenja-schulze-umweltministerin-pandemie-frauen-politik

31 *Eine »Potentialität«, eine Kraft*: Hannah Arendt, *Vita activa oder Vom tätigen Leben*, hrsg. von Thomas Meyer, Piper, München 2020, gesamter Absatz S. 282.

32 *In Demokratien sind oft viele*: Petra Pinzler, »Der politische Fragebogen« mit Svenja Schulze.

35 *Universalen Feminismus*: Jessa Crispin, *Warum ich keine Feministin bin*, aus dem Englischen von Conny Lösch, Suhrkamp, Berlin 2018, S. 7.

35 *Feministin für die Heirat*: ebd., S. 27.

42 *Das Band zwischen den ›Frauen‹*: Judith Butler, *Das Unbehagen der Geschlechter*, aus dem Amerikanischen von Kathrina Menke, Suhrkamp, Frankfurt/M. 1991, S. 19.

43 *Das feministische ›Wir‹*: ebd., S. 209.

45 *Es gibt keine Möglichkeit*: Simone de Beauvoir, *Das andere Geschlecht. Sitte und Sexus der Frau*, aus dem Französischen von Uli Aumüller und Grete Osterwald, Rowohlt Taschenbuch, Reinbek 1992; Neuausgabe ebd. 2000.

50 *So etwas wie einen Ein-Thema-Kampf*: Audre Lorde, »Learning from the 60s« in *Sister Outsider: Essays & Speeches*, Crossing Press, Berkeley, CA 2007, S. 138.

51 *Mütter versagen immer*: Jacqueline Rose, *Mothers: An Essay on Love and Cruelty*, Faber & Faber, London 2018.

51 *Ihre Identität versetzt weiße Frauen in eine merkwürdige Lage*: Moira Donegan »Half of white women continue to vote Republican. What's wrong with them?«, *The Guardian*, 09. November 2018. https://www.theguardian.com/commentisfree/2018/nov/09/white-women-vote-republican-why

56 *Inwiefern Glück/lichsein mit einigen Lebensentscheidungen verbunden*: Sara Ahmed, *Das Glücksversprechen. Eine feministische Kulturkritik*, aus dem Englischen von Emilia Gagalski, Unrast Verlag, Münster 2018, S. 8.

57 *Es gibt nichts Schlimmeres*: Rachel Cusk, *Kudos*, aus dem Englischen von Eva Bonné, Suhrkamp, Berlin 2018.

58 *Nicht so leben werden, wie Männer gelebt haben*: Jessa Crispin, S. 87.

58 *Würden wir nachhaltiger leben*: https://magazine.areweeurope.com/stories/elections-issue/barbara-majsa-greta-thunberg

59 *Von Macht in anderen Begriffen träumen*: James Baldwin, *Nach der Flut das Feuer*, aus dem Englischen von Miriam Mandelkow, dtv, München 2019.

59 *Im Kampf für gesellschaftliche, politische und wirtschaftliche Gerechtigkeit*: Judith Butler, *Anmerkungen zu einer performativen Theorie der Versammlung*, aus dem Amerikanischen von Frank Born, Suhrkamp, Berlin 2016.

59 *Übereinkunft vieler Willensimpulse*: Hannah Arendt, *Vita Activa*, S. 39.

60 *Eine Politik der Allianz*: Judith Butler, *Anmerkungen zu einer performativen Theorie der Versammlung*, S. 96.

60 *Nur in einem Miteinander*: Hannah Arendt, *Vita activa*, S. 284.

SUBJEKTE DER BEGIERDE

68 *Wir fangen etwas an*: Hannah Arendt, »Was bleibt? Es bleibt die Muttersprache«, Günter Gaus im Gespräch mit Hannah Arendt, rbb.

70 *Weiblich sein, so eine allgemein verbreitete Definition*: Annie Leibovitz, *Women. Mit einem Essay von Susan Sontag*, aus dem Englischen von Jörg Trobitius und Marion Kagerer, Schirmer und Mosel Verlag, München 1999, S. 22.

73 *Das Setzen (Sichten) von Grenzen*: Donna Haraway, »Situated Knowledges: The Science Question in Feminism and the Privilege of Partial Perspective«, *Feminist Studies*, 1988, 14 (3): 575-599.

74 *Freiheit kommt nicht aus mir*: Judith Butler, *Anmerkungen zu einer performativen Theorie der Versammlung*, S. 119.

75 *Selbstverständlich ist die Modewelt*: Angela McRobbie, »Bridging the Gap: Feminism, Fashion and Consumption«, *Feminist Review*, 1997, 55 (1).

78 *Es gibt bessere Spiegel*: Monika Rinck, »Monika Rinck über Spiegel-, Selbst- und normierte Idealbilder«, *Vogue*, 14. Januar 2020.
https://www.vogue.de/kultur/artikel/monika-rinck-ueber-spiegel-und-selbstbilder

81 *Mode drückt die Ambiguität eines Wirtschaftssystems aus*: Elizabeth Wilson, *Adorned in Dreams: Fashion and Modernity*, Virago, London 2017.

85 *Unsere Selbsterfahrung wird durch viele Dinge konturiert*: Shahidha Bari, »What do clothes say«, *Aeon*, 19. Mai 2016.
https://aeon.co/essays/why-does-philosophy-hold-clothes-in-such-low-regard

86 *Sehen bedeutet immer zu interpretieren*: Rosemary Geisdorfer Feal, *Painting on the Page: Interartistic Approaches to Modern Hispanic Texts*, Public University of New York Press, 1995, S. 19.

87 *Frauen nach ihrem äußeren Erscheinungsbild*: Susan Sontag, »Ein Photo ist keine Meinung. Oder doch?« In: Leibovitz, *Women*, S. 23.

89 *In unseren mit Primatenfarbe*: Donna Haraway, »Situated Knowledges«, S. 584.

89 *Am Ende ist es ganz einfach*: ebd., S. 585.

93 *Einfach irgendeine Teilperspektive reicht*: ebd., S. 587.

98 *Unsere Gegenwart soll gerechter*: Julia Eckert, »Unsere Gegenwart«, *Vogue*, 14. Januar 2020.

101 *Warum kann ich nicht verschiedene Leben anprobieren*: Sylvia Plath, *Die Tagebücher*, aus dem Amerikanischen übersetzt von Alissa Walser, Frankfurter Verlagsanstalt, Frankfurt am Main 1997.

102 *Wie denken wir über diese lockeren Allianzen*: Jean-Philippe Cazier, »Judith Butler, interview«, *Diacritik*, 01. März 2017.
https://diacritik.com/2017/03/01/judith-butler-interview-il-est-rejouissant-dassi ster-au-surgissement-dune-volonte-populaire-it-is-joyful-to-see-an-outbreak-of-the-popular-will/

103 *Abhängigkeit als Bedingung*: Masha Gessen, »Judith Butler wants us to reshape our rage«, *The New Yorker*, 09. Februar 2020.
https://www.newyorker.com/culture/the-new-yorker-interview/judith-butler-wants-us-to-reshape-our-rage

105 *Sie ist die Organisationsstruktur*: Arendt, *Vita activa*, S. 279.

105 *Immer ein Machtpotenzial*: ebd., S. 282.

105 *Damit Politik stattfinden kann*: Judith Butler, »Bodies in Alliance and the Politics of the Street«, *Transversal*, September 2011.
https://transversal.at/transversal/1011/butler/en?hl=butler

110 *Menschen wissen nicht, wie sie wirklich aussehen*: Monika Rinck, »Monika Rinck über Spiegel-, Selbst- und normierte Idealbilder«.

117 *Frauen und Männer werden unterschiedlich gewichtet*: Leibovitz, *Women*, S. 21.

118 *Flüssiges Glas*: Katrin Sander, »Glasprojekt«.
http://www.kunstnet.at/st-stephan/18_01_12.html

118 *Langsam zu festen Körpern*: ebd.

120 *Gewehrkugeln machen das süßeste zischende Geräusch*: Rabab Haidar, »Rabab Haidar über Shootings verschiedener Art«, *Vogue*, 14. Januar 2020.
https://www.vogue.de/kultur/artikel/rabab-haidar-shootings-verschiedener-art

121 *Du siehst aus wie ein typischer Flüchtling*: ebd.

122 *In diesem rauschenden gelben Kleid*: Teresa Koloma Beck, »Teresa Koloma Beck über die Kraft von rauschenden Kleidern (in Zeiten des Krieges)«, *Vogue*, 15. Januar 2020.
https://www.vogue.de/kultur/artikel/teresa-koloma-beck-ueber-die-kraft-von-klei dern

129 *Das Klassensystem der Geschlechter und dessen kulturelle Indoktrinationsmittel*: Shulamith Firestone, *Frauenbefreiung und sexuelle Revolution*, aus dem Amerikanischen von Gesine Strempel-Frohner, Fischer Taschenbuch Verlag, Frankfurt am Main 1975, S. 146.

131 *Wie Frauen und Männer in Wirklichkeit aussehen*: Susan Sontag, »Ein Photo ist keine Meinung. Oder doch?« In: Leibovitz, *Women*, S. 36.

137 *Ich litt an Stimmlosigkeit*: Rebecca Solnit, *Recollections of My Nonexistence*, Granta Publications, London 2020.

138 *Ein Gespür für Kleidung*: Shahida Bari, *Dressed: The Secret Life of Clothes*, Jonathan Cape, London 2019, S. 9.

139 *60 Prozent unserer Kleidung*: Dana Thomas, »Are Cheap Clothes Ruining the Planet«, *The New York Times Book Review Podcast*, 11. Oktober 2019.
https://www.nytimes.com/2019/10/11/books/review/podcast-fashionopolis-dana-thomas-beaten-down-worked-up-steven-greenhouse.html

141 *Erotik ist erregend*: Shulamith Firestone, *Frauenbefreiung und sexuelle Revolution*, S. 146.

142 *Objektifizierung hat Merkmale*: Martha Nussbaum, »Objectification«, *Philosophy and Public Affairs*, 1995, 24(4), S. 249-291.
https://doi.org/10.1111/j.1088-4963.1995.tb00032.x

145 *Personen, die das Posieren gewohnt sind*: Sontag, S. 36.

147 *Der Grund, warum wir unfähig sind*: Arendt, *Vita activa*, S. 331 f.

147 *Ursprung außerhalb des menschlichen Bezugssystems*: ebd., S. 265 f.

150 *Das Auge eines gewöhnlichen Primaten*: Donna Haraway, »Situated Knowledges«, S. 583.

159 *Mein augenblicklicher Gedanke ist, dass die Menschen eine Vielzahl von Bewusstseinszuständen haben*: Virginia Woolf, *Gesammelte Werke, Tagebücher 3, 1925-1930*, aus dem Englischen von Maria Bosse-Sporleder, hrsg. von Klaus Reichert, S. Fischer, Frankfurt am Main 1999, S. 33.

160 *[…] ja sogar eine Generalversammlung beziehungsweise eine Assemblage*: Judith Butler, *Anmerkungen zu einer performativen Theorie der Versammlung*, S. 94.

162 *Das Projekt war nie fertig*: Leibovitz, *Women*, S. 22.

166 *Dinge, die aufgrund dessen passieren, wie wir gesehen werden*: Sara Ahmed, *Das Glücksversprechen. Eine feministische Kulturkritik*, S. 39.

168 *Feministisches Bewusstsein kann sich wie ein Schalter anfühlen*: Sara Ahmed, *Feministisch leben! Manifest für Spaßverderberinnen*, aus dem Englischen von Emilia Gagalski, Unrast Verlag, 2018, S. 50.